KB185352

Quotes of the villain

Quotes of the villain

# 악당의 명언

## 완전판

손호성 저

봄봄스쿨

# PROLOGUE

2015년 10월 tvN에서 방영된 '비밀독서단' 4편 입만 열면 손해 보는 사람들에서 데프콘씨가 주제와는 상관없이 악당의 명언을 재미있게 소개하여 많은 분들에게 읽힌 책입니다. 15만부 이상 판매가 되었지만 저의 개인적인 경험이 아닌 다른 사람의 명언을 모은 것이라는 오해를 받았습니다.

저는 중학교 때부터 컴퓨터 회사에서 아르바이트를 했고 국내에서 매직아이, 스도쿠를 처음 개발해 대 유행을 일으키기도 했습니다. 그 이후에 국내 최초로 컴퓨터로 만화 컬러링을 해서 관련 직업군을 만들었고, IT 회사 운영, IT 강사 및 레고시리어스플레이 공인 퍼실리테이터로 기업강의를 하고있습니다. 현재 200여 권을 출간한 저자로 아르고나인미디어그룹의 대표로 활동하고 있습니다.

불혹의 나이가 되기까지, 젊은 시절 돈과 사람을 몰라 사기 당하는 일도 비일비재했고 자신이 최고인 것처럼 들뜬 시절과 좌절 그리고 성공과 실패를 겪기도 했습니다. 늘 다시 새로운 것에 도전했고, 그럴듯한 프로젝트에 참여해서 남 좋은 일만 시켜준 적도 많았습니다. 다양한 인간군상을 만나며 느껴왔던 것들과 스스로가 그 과정 속에 어떻게 변하고 있는지를 함께 공유하고 싶어 글로 정리했습니다.

〈악당의 명언〉에서 악당은 아직 성공을 향한 과정에 있는 인간을 의미하기도 하고 이미 성공한 사람을 표현하기도 합니다. 여기서 '악당'은

'2등에겐 1등이 악당이고 1등에겐 전부가 악당이다.' 라는 말로 정의할 수 있지 않을까 싶습니다. 나 아니면 모두가 악당이고 남이 보면 나도 악당이니 말이죠.

이 책은 흔한 자기계발 서적같이 뜬구름 잡는 이야기를 하지 않습니다.

달콤한 처세술로 이렇게 저렇게 사람을 다루지도 어떻게 해야 남의 눈에 잘 들 수 있는지도 말하지 않습니다. 하지만 우리처럼 근면과 성실이 필수 덕목이고 하는 일이 조금 다른, 인간 본연의 모습에 가까운 악당의 모습을 이야기하고 있습니다.

15년 남짓 썼던 글을 모아 낸 〈악당의 명언〉에 대한 독자와 공감대가 다른 부분은 덜어내고 새로운 글을 다섯개의 주제, 18개 카테고리로 다듬어 〈악당의 명언 - 완전판〉을 새로 출간 합니다.

악당을 꿈꾸는, 혹은 이미 악당인 여러분!
이 거침없는 악당의 이야기를 즐겨주십시오.

저자 손호성

https://x.com/bookfactorykr

# CONTENTS

# Chapter1. 개인

행동

꿈을 이루기 위해 늦은 나이란 없다.
기득권은 생각보다 오래가지 않는다.

# 결정은 빨리, 말은 좀 그만. 말 많은 놈은 다 해놓고 망한다.

기득권을 깨려면 기득권자보다 더
나쁘거나 더 치열하게 움직여야 한다.

〈To do List〉를 적어놓고 체크를 하지 않으면
아예 안 쓴 것만 못하다. 항상 체크하고 새롭게
할 일을 머릿속에 추가하고 실천하라. 세상에
그냥 되는 일이란 없다.

내일을 위해 오늘을 불태우려 하지 마라.
완벽한 오늘을 위해 오늘을 소비해라.
하얗게 재가 될 때까지.

누구나 생각하지만 모두가 행동하지 않는다.
그래서 남의 기발한 아이디어도 발 빠른 내 차지가 될 수 있다.

# 관심이 있다면 충고는 그만하고 제대로 도와줘라.

답변할 가치가 없는, 번지르르한 글들이 있다. 말과 행동은 다르다. 말은 아끼고, 행동하라. 그러면 사람들은 따라줄 것이다.

게으름은 아이디어의 원천이 될 수 있지만 반대로 아이디어의 적이 되기도 한다. 실행하지 않는 아이디어란 의미 없는 것이니까.

나를 알리기 위해 내가 나서서 설명할 이유 따위는 없다. 그저 조용히 보여주면 그만이다.

뒤돌아보는 순간 모든 것은 새로 시작해야 한다.
그러니 정신없이 몰아쳐야 한다.

래리 페이지와 세르게이 브린도 누군가 자신들의 아이디어를 사주길 바랐다. 하지만 몇 년간 아무도 그 가치를 몰라줬고 결국 그들이 직접 창업했다. 그것이 구글이다. 남이 무언가를 해줄 수 있다고 생각지 마라.

말은 쉽다.
그래서 우리는 말만 하는
사람을 우습게 생각한다.
하지만 행동에 옮기는
사람은 두렵다.

머릿속에
천금의 말이
있어도
필요할 때
꺼내지 못하면

# 똥덩어리.

그저

머릿속의 생각을 열심히 떠들어봐야 누구도 인정해 주지 않는다.
아무리 훌륭한 생각이라 한들 상관없는 말 따위를 듣고 싶어 하는 사람은 없다.
증거를 보여라. 말이 아닌 행동으로.

부처도 예수도 공자도 아니면서 말만 인용하지 마. 그렇게 살 거 아니면.

말을 하는 사람은 많지만 행동으로 옮기는 사람은 적고, 현명하게 실천하는 사람은 더욱 적다. 그래서 같은 아이디어로 누군가는 성공하고 누군가는 뒤에서 말만 한다.

꾸겨진 옷은 다리면 되지만 꾸겨진 자존심은 결코 펴지지 않는다. 복수다!

모든 행동에는 그 나름대로의 이유가 있다. 그러나 때때로 바둑의 고수가 두는 수도 초보가 보기엔 어이없는 수일 수 있다.

# 사람은<br>의식해서 습관을<br>만들고<br>그 습관 때문에<br>노예가 된다.

위인이 수십 년간
쌓은 업적도 2시간 정도
읽으면 지식으로
쌓을 수 있고, 그 저자와
교류할 수 있다.
하지만 실천이라는
어려운 벽을
넘지는 못한다.

모든 것을 다 알고 있어도 실천할 능력이 없다면 그 또한 보틀넥에 걸리는 것이다. 아는 것이 많아도 표현할 수 없다면 진짜 아는 것이 아니다.

이룰 수 있는 말만 뱉고, 곰곰이 생각하고 말하라. 실천할 용기도 없이 구시렁거리지 말고.

사람은 조절하거나 통제하기 어렵다. 그렇지만 유도하기는 쉽다. 사탕을 발라주며 아주 세밀하게, 그것이 좋은 방향이든 아니든.

## 사람은 호기심으로 성장하고 호기심 때문에 망한다.

'생각은 좋은데….' 라는 말을 자주 듣는 사람이라면 반드시 몸소 실천하라. 두 번 다시 같은 말로 자신을 무시하지 못할 것이다.

생각의 적은 다른 생각이고 행동의 적도 다른 생각이다. 확신이 없는 생각이란, 움직이려는 내 발목도 붙잡는다.

생각을 그 즉시 빠르게 행동으로 옮기면
최소한 후회할 일은 없다.

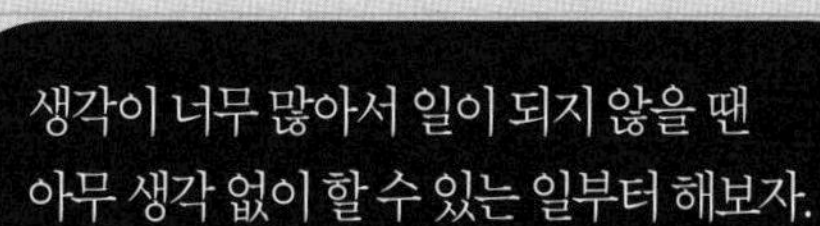


아는 만큼 보인다.
그러나 재고 따지다 보면 중요한 시점을 놓친다.
많이 모르는 사람이 성공하는 이유는
무조건 행동을 하기 때문이다!

# 말은
# 참
# 잘한다.

# 말한 만큼

# 실천했으면 지구도 정복했겠다.

어떻게 보이고 싶은지를 말하는 것은 쉽지만 실행하여 보여주는 것은 어렵다. 그걸 해낸 사람만이 존경받는다.

인생은 아이러니하게도 너무 많이 아는 사람에게 추진력이라는 것을 안 준다. 그래서 잘 모를 때 미친 듯 꽂혀서 파고드는, 젊고 별로 유능하지 않다고 생각되는 친구들이 성공한다.

지혜 없는 열정은 무모함이고, 열정 없는 지혜는 쓰레기다.

책을 많이 봤다고
지혜가 생기지 않고,
지혜가 많아도 활용하지 않으면
없는 것이다.

책임질 수 없는 일은 하지 말고, 책임질 수 없는 말은 뱉지 마라. 최소한 두 번 이상 생각하지 않은 말을 여과 없이 내뱉으면 당신은 가벼워 보인다.

해본 것을 잘 하는 것은 당연하지만
해본 것을 다르게 하는 것은 칭찬해야 한다.

지혜가 없으면 빌려라.
재능이 없으면 빌려라.
하지만 추진력이
없다면 그만둬라.

# 잘되는 놈도 언젠가는 자신의 본성 때문에 꼬꾸라질 것이다.

몰입을 할 때 가장 행복한 기분을 느낄 수 있다.
러너스하이*처럼 생각에 집중하다 보면 행복의 맛을 알 수 있다.
성취란 그 맛을 보기 위해 하는 것이다. 돈이 아니라.

러너스하이(runners' high)
**중간 강도의 운동을 30분 이상 계속했을 때 느끼는 행복감.**
**미국의 심리학자인 A.J.맨델이 1979년 발표한 논문에서 처음 사용한 용어이다.**

누군가는 세부적인 계획 없이 큰 꿈을 말하고
비웃음을 사지만 누군가는 큰 꿈에 접근하기 위해
작은 계획부터 말없이 실천해 나간다.

## 스스로를 몰아붙이지 않으면 평범해진다.

스킬은 교환할 수 있는 가치가 한정되어
있지만 열정은 그 가치에 끝이 없다.
오늘, 끝없이 가치 있는 하루를 보냈는가?

스킬이 조금 부족해도 열정이 있으면 결국 해결된다.
열정조차 없는 사람은 결국 도태된다.

급하지 않으니 제자리 괴롭지 않으니 그 자리

스티브 잡스나 빌 게이츠가 학교를 중퇴한 것은 70년대,
구글의 세르게이나 래리 페이지는 대학원까지 졸업했다.
중요한 것은 그 기회를 잡은 것이지 학업의 높낮이는
문제가 아니다.

자다가
일어날
정도로
두근거리는
일이
생겼다면
당장
해야 한다.

# 그게
# 무엇이든.

노력

50센트라는 힙합뮤지션은 원래 범죄자였다. 총상에서도 살아남아 가수가 된 그가 로버트 그린과 만든 '50번째 법칙'이라는 책이 있다. 제목보다 "사악해져라, 먹이사슬의 정상에 설 때까지!"라는 광고 문구가 더 마음을 끈다.

강자는 어떤 일을 하든 자기가 정한 작은 일에 성공하는 것부터 시작한다. 그 작은 성공의 결과가 결국 성공한 인생이라는 열매를 맺게 하는 것이다.

# 고집 없는 장인이 어디 있어.

같은 일도 새로운 방법으로 처리하다 보면 최적화될 수 있다.
더 많은 방법으로 시도하는 노력을 잊지 말아야 한다.
도전하지 않으면 도태된다.

급격히 추락하거나 상승하는 사람은 별로 없다. 주목받은 시간을 기준으로 보면 그렇게 보일 뿐이다.

기회는 나를 못 알아보거나 자주 찾아오지 않는다. 그러나 쌓아놓은 실력은 나를 배신하지 않는다.

남들이 부정적일수록 오히려 확신하게 되는 일이 있다. 대부분 실패하지만, 누군가는 배수의 진을 치고 오랫동안 포기하지 않아 성공한다.

# 남이 나의 가치를 몰라준다고 투덜댈 필요 없다. 내 가치를 알리는 노력을 게을리했다는 걸 먼저 반성하라.

누구보다 높은 탑을 쌓아올리기 위해서는
오직 쌓는 것 이외에는 잊어야 한다.

남의 성공 이야기는 들어봐야 소용없다.
재미는 있지만 난 그와 같은 인생을 살 수 없다.
악착같이 내 성공 이야기나 만들자.

남이 하는 일이 쉬워 보이는 것은 보이는 것이 전부라고 생각해서 그런 것이다. 고민은 보이지 않는다.

누구나 한 번에 성공할 수 있다면 도전이라는 단어는 없을 것이다. 아이가 걷기 위해 넘어지는 것처럼 다시 일어나서 앞으로 나아가길.

도구는 문제가 안 된다.
의지만 있다면 뭐든 가능하다.

귀찮은 일 안 하려는 생각은 버려야 한다. 제일 귀찮은 일을 많이 해야 바라던 높은 곳으로 가게 된다.

돈과 명성을 한꺼번에 얻으려면 긴 고통의 시간을 보내야 한다.
그것도 잘될 때 이야기일 뿐 대부분 열매를 맺기 전에
저 열매는 맛없을 것이라고 포기한다.

Marlboro

# 나쁜 짓도 연습해야 는다.

성장이 정체되는 시기라면 하나씩
바꿔봐야 한다.
맨 처음 스스로부터….

바닥에서 시작해서 더는 떨어질 곳이
없어 보여도 내려가는 일은 발생한다.
움츠리지 말고 위로 도약해라. 끊임없이.

병아리 감별사가 엄청난 속도로 많은
병아리를 실수 없이 감별할 수 있는 것은,
그 많은 시간 동안 병아리만 만지고
접해 왔기 때문이다. 같은 일을 반복하면
신의 경지에 다가선다. 같은 일을 해도
그보다 못한 사람들은 온전히 몰입하지
못해서이다.

식당을 운영한다면 우습게 생각하고,
육천 원짜리 밥 팔아서 건물을 샀다면 누구나 놀란다.
모든 사람은 열심히 하면서 최선을 다하고, 늘 제자리인 것 같지만
시간과 노력을 들여 그 자리에 오르는 것이다.

레오나르도 다빈치의 그림도 엑스레이로 자세히 살펴보면 덧칠한 실수의 흔적이 있다. 누구나 일의 과정이 완벽할 수 없다. 하지만 실수를 계속 지워가면 완벽한 결과물을 만들 수 있다.

누군가의 노력과
실력을 운으로
폄훼하지 마라.
최소한 그 사람은
무언가를 이룬
사람이다.

명인도 실수하고
범인도 실수한다.
범인은 재수 없다고
넘기지만 명인은
이유와 원인을 찾는다.
같은 실수를 두 번씩
하기 싫어서다.

10년 동안 할 일을 1년 만에 해내는 사람이 있다면, 그 사람은 자는 동안에도 같은 일만 생각하는 사람일 것이다. 세상에 거저 얻는 일이란 없다.

어제의 나와 경쟁하지 말자.
어제의 나에 만족하지 말자.

오늘을 헛되이 산 사람은 내일이 두렵지만,
오늘을 충실히 산 사람은
내일 아침을 기대하며 잠든다.

조금씩 수정하며 실패와 성공 사이에서 중심을 찾아 앞으로 가야 한다. 멈추면 죽는다.

상황에 대해 치열하게 연습하고
노력해야 애드리브를 칠 수 있다.

매일 꾸준히
같은 것을 하는
사람에게는

# 도저히
# 못 이긴다

항상 제자리에 있는 것 같지만,
그 자리를 지키기 위해서 필사의
노력 중이라는 사실을 기억하라.

# 칼은 녹슬어서 가치가 없는 게 아니라, 쥐고 있는 사람의 의지가 사라졌을 때 가치도 사라지는 것이다.

# 사기꾼도 신뢰를 사는 데 오랜 시간 참을 수 있다.

성공은 쉽게 할 수도 있지만, 그 성공을 지키는 것은 몇백 배 힘들다.

무언가를 계속하다 보면 길이 보이고, 그 길을 선택하면 이전과 다른 내가 된다.

처음 하는 도둑질이 성공할 리 없다. 어떤 분야든 타고난 놈이라도 꾸준한 연습이 필요하고, 기회가 주어지면 바로 실행할 수 있어야 한다.

노력 없는 결과란 역피라미드를
쌓아 올리는 것과 같다.

성과의 계단은 누구나 하나씩 오른다.
성공의 순간만 본 사람은 그동안 그가
어떤 계단을 넘고 올라왔는지 모른다.

실력 차는 남들이 잘 때 생긴다.

1등
악당에게는
근면, 성실이
필수 덕목.

빌 게이츠,
히틀러,
무솔리니도
그 면,
성실했다.

머리에 쏙쏙 들어오는 것이 바로 당신이 좋아하는 것이다.

자기관리

A4 용지에 세로로 선을
그어보자. 그리고 왼쪽에는
현재의 나, 오른쪽에는
미래의 나에 관해 써보자.
쓰는 것 하나만으로
나는 바뀐다.

바쁘다는 핑계로 도망치지 마 **Self-administer**

"66일의 법칙" 습관이 드는 시간은 대략 66일.
그 기간을 넘기면 새로운 습관을 만들 수 있다.

궁금한 것을 참는 사람에게 발전 같은 건 없다.

기계가 사람을 이길 수 없는 것은 정해진 로직 이외에는 동작하지 않기 때문이다. 달인은 계속 새로운 방법을 실험하고, 몸을 맞추며, 행동을 수정할 수 있기에 발전하는 것이다.

괴롭고 힘든 일은 나를 발전시키지만, 정말 좋아하는 일이 아니라면 건강을 망쳐 결국 아무것도 하지 못하게 만들기도 한다.

누군가가 생각한 방식이란
그 사람에게 맞춰진 것이다. 그대로
받아들여서는 내게 맞을 리 없다.

매일 같은 일을 하더라도 누구는 달인이 되고 누구는 평범한 사람에 머문다. 무슨 일을 하더라도 효율성과 개선점을 생각하라.

모르는 것이 창피한 것이 아니라 당장 알려고 하지 않는 것이 창피한 것이다.

보편적 가치는 누가 봐도 똑같다. 그걸 되풀이하는 것이 자기계발서다. 그래서 고전이 가장 읽을 만하다.

빠르고 좋은 것이 자랑이던 시대는 이미 지나버렸다.
그것으로 무엇을 할 수 있느냐가 중요한 시대가 왔다.
지금은 가진 물건을 100% 활용할 수 있는 사람의 시대인 것이다.

사람을 컴퓨터 사용 유형에 빗대어 나눈다면 다운로드형, 업로드형, P2P형으로 분류할 수 있다. 다운로드형은 일방적으로 남의 생각을 공부하고, 업로드형은 자기 생각만 주장한다. P2P형은 내 생각을 나누고 다른 사람의 생각을 가져오기도 한다.

다른 사람을
흉내 내는 것만으론
궁극의 경지에 도달할 수 없다.
그래서 명인이나 예술가는
모든 것을 다시 처음부터
자기 방식으로 시작한다.

# 누군가를 가르친다는 것은

내가 알고 있는 것을 다시 확인하는 일이다.

# 똑똑한 사람들이 실패하는 것은 평범한 주변 사람들의 충고를 듣지 않기 때문이다.

새를 작게 만들려면 작은 집에서 살게 하면 된다.
꿈을 키우려면 넓은 세상을 보고, 생각을 키우려면
더욱 다양한 책을 읽어보자.

선은 한 번 넘으면 다음은 더 높은 단계로 올라간다.

성취도는 자신이 만드는 것이다. 조금씩 그리고 할 수 있는 만큼의 목표를 세워서 계속 수정하라. 그리고 반드시 자신에게 상을 줘라.

왜 스승 밑에서 몇 년간 밥하고, 빨래하고, 청소하고, 관련 없는 일만 죽도록 해야 하는지 아니? 실제로 가르칠 것이 별로 없기 때문이다. 알기 전과 알고 난 후 사람은 달라진다.

아무리 책을 읽어도 내 것으로
만들지 못하면 남의 말,
남의 행동을 따라 하는 것밖에 안 된다.
꼭꼭 씹어 소화시키지 못하면
진짜 아는 것이 아니다.

스승을 뛰어넘기 위해서는 스승에게서 배운 것을 모두 버리고 새로 찾아야 한다.

어린 사람에게도 배울 것이 있는 노인은 어른이며,
새로운 것을 배우지 않는 사람은 늙은 사람일 뿐이다.
나이가 중요한 게 아니라 지혜로운 처신이 중요하다.

어설픈 지식은 독이 되고 확실하지
못한 정보는 모르는 것만 못하다.

열심히 뛰어도 다른 사람이 더 빨리 달리고
있다면 재빨리 자전거로 갈아타야 한다.

## 재능은 소비하라고 있는 것이다.
## 미친 듯 소비해서 그중에
## 좋은 것만 정리하자.

바쁘다는 핑계로 도망치지 마 Self-administer

# 목표를 가지는 것은 좋지만 이루겠다고 자신이 변하면 안 된다.

아이가 맨 처음 배우는 것은 양수를 토하고 호흡하는 일이다. 인간은 필요에 의해 배운다. 쓸데없는 데 시간 낭비하지 말자.

아이에게는 돌봐줄 부모가 필요하고 방황하는 성인에게는 진정한 어른의 말씀이 필요하다. 그래서 우린 책을 본다.

오늘을 열심히 살지 않으면 내일 먹을거리가 없고 책을 읽지 않으면 오늘을 어떻게 살지 모른다.

늘 100을

보여주지 못하면

80짜리 인간으로 본다.

일에도 순서가 있듯 꿈에도 순서가 있다.
꿈 목록을 만들고 체크해 보자.
무리한 꿈이 아닌 실현 가능한 꿈부터.

준비 없이 허둥지둥 보내는 하루와 철저히 준비한 하루의 차이는 생각보다 많은 시간을 절약할 수 있다는 것이다. 하루가 이러한데 평생은 어떠할까?

하는 일이 같다면 더 빨리 해결하는 방법을 찾기 위해
일에 몸을 최적화하고 나만의 툴을 만들어라.
달인들은 모두 자신만의 리듬으로 일한다.

게으른 사람이 발명하고, 시간 많이 나는 사람이 좋은 생각을 한다. 언제나 남의 일만 하다 보면 내가 꿈꾸는 일을 할 시간이 없다.

오래 고민해야 할 일이라면 하지 않는 것이 옳고, 직감을 따라야 하는 일에 남의 의견을 듣는 건 시간 낭비다.

책 도둑은
그냥 도둑일 뿐이고,
책에 담겨 있는
메시지를 훔쳐야
진짜 도둑이다.

매일매일 죽음으로 가는 계단을 오르고 있다는 것을 의식하지 못하는 게 바로 인간이다. 두 번 살 수 없기에 소중한 시간을 의미 있게 만들어야 한다.

고민할 시간에
그냥 돈을 써라.
돈으로 할 수 있는 일을
괜히 고민하면서
에너지 소모하지 말자.

바쁘다는 핑계로 도망치지 마 Self-administer

모든 사람은 불평등하게 태어나지만 시간만은 평등하다. 내 시간이 더 소중하다고 생각한다면 앞으로 고생 좀 할 거다.

바쁘다는 것으로 변명하지 마라. 내게 중요한 시간은 남에게도 중요하다.

시간을 아끼기 위해 정리를 시작하면 정리하는 시간만 늘어난다.

시간은 모든 것을 사라지게 한다. 그 흐름 속에서 남겨지는 것은 오직 이름과 업적뿐이다.

알고 있는 걸 떠들 시간도 없다.

# 더 많이 아는 자가

더 많이 악용할 수 있다.

술로 위안을 받는다면 몸도 지갑도 남아나지 않는다.

오늘이 마지막일지 모르는 하루살이도
순간을 살아가는 데 열중한다. 시간은 되돌아오지 않고, 사람은 다시 태어나지 못한다.

항아리에 물을 가득 넣고 달리면 물이 넘치기 마련이다. 하지만 아주 빠른 속도로 달리면 물이 넘치지 않게 할 수 있다. 단, 속도가 떨어지거나 멈추는 순간 물은 흘러넘친다.

새도복싱을 하듯 나쁜 짓도 상상해서 연습해 본다.
많이 상상하고 여러 변수에 대해 생각해 둔 시나리오가 있다면 실전에서 당황하지 않는다.

세상에는 알 수 없는 내용의 책들이 수없이 많고
하필 그런 책들만 읽어야 하는 운명에 휩싸인다.
그래서 공부는 어릴 때부터 해야 한다.

오늘 하루,
재미있는 거 하나라도
생각하거나 행동하지
못했다면 머리 박고
반성해야 한다.
허비하라고 주어진
인생이 아니다.

인간은 교육으로 바뀌는 것도 있지만 절대 바뀌지 않는 점도 있다. 뇌는 바꿀 수 없으니 관심을 다른 데 두는 방법을 익혀야 한다.

인간은 필요하면 뭐든 배운다. 절실하면 학습 능력이 증가되지만 평소엔 그 능력을 보기가 힘들다.

# 배움을 멈추는 순간 짐승이 된다.

자기에게 냉혹한 사람은 남에게도 그렇게 대할 가능성이 있지만 자기 관리 못하는 사람은 아무 것도 못 한다.

첫 대면에 지적인 모습을 보여주고 싶으면 옷을 잘 입고, 외모를 가꾸고, 책을 들고, 말을 하지 마라. 사람들은 보이는 대로 믿는다.

위기가 새로운 도전의 발판 역할도 하지만 자신에게 잔인해야 살아남는다.

쌓아 올리는 것은 어려워도 무너뜨리기는 쉽다.

재능과 재주를 착각하면 안 된다. 칼을 잘 다룬다고 해서 음식 맛이 좋아지지 않는다. 훌륭한 요리는 기교보다 맛이다. 재능이 있는 사람이 재주까지 있다면 금상첨화!

자신이 하는 일을 매일 모니터링 하지 않는다면 잘못된 점을 빨리 발견할 수 없다. 반대로 경쟁자가 어디서 뭘 하는지도 모니터링 해야 한다.

# 스티브 잡스가 왜 같은 옷을 입을까?

그것은
쓸데없는 데
시간을
낭비하고
싶지 않아서다.
마치 군인의
군복처럼!

경험

열 번 생각한 것과 백 번 생각한 것은 다르다. 경험은 통찰력을 기르고, 생각의 차이를 만든다.

공모전에서 수상하기 위해서는 작가의 마음으로 작품을 만들기보다, 주최 측 또는 심사 위원의 마음으로 작품을 만들어야 한다.

# 1등도 해본 놈이 계속한다.

경험은 아이덴티티 형성에 가장 중요한 키워드다. 그러므로 지금 힘들어도 남들이 안 해본 경험을 즐기자.

과거에 알던 것을 잊고 있다는 생각이 든다면, 누군가의 멘토가 되어라. 시간은 돌아오지 않지만, 경험은 되돌아온다.

남의 성공 결과를 안다고 해도 과정 자체의 문제는 알 수 없다.

다양한 방법을 안다고 해서 정답을 바로 도출할 수 있다는 것은 아니다. 경험이 없다면 시행착오를 할 시간을 미리 준비해둬야 한다.

많이 읽고 보는 사람에게 많은 기회가 생긴다. 하지만 새로운 일에 도전하는 사람만큼 기회를 만들 수는 없다.

모든 것은 혼자 배운다.
내가 가는 길을 먼저 간 놈은 없다.

아무도 지나가지 않은 길을 걷게 되면 두려움과 흥분이 교차한다. 그 길을 갈 땐 발자국이 남지 않게 일단 감춰둬야 하고, 당분간 새로운 사람이 오지 못하게 해야 한다. 대개 고승들은 힌트는 줘도 답은 안 준다.

대부분의 사람은 사용법에 따라
정의할 만큼 단순하게 살지 않는다.
가끔 그런 사람이 있을 뿐.

# 시간을 돈으로만 바꾸면 세월이 지나고 뭐가 남나?

꾸준하면 누구도 이기지 못한다.
하지만 반짝이지 않으면
그렇고 그렇게 살다 간다.

# 바라던 것이 현실화되면 지루해진다. 사람은 바라는 것이 늘 변한다.

# 새로운 전법을 들고 나와도 몸에 완벽히 익히지 않으면 금방 깨진다. 스파르타!

새로운 일도 경험이 쌓이면 실패 확률이 줄어들고, 누군가와 함께하면 두려움도 나눌 수 있다.

나의 시간을 들인 만큼 알게 된다. 내가 직접 해보지 않고 남의 경험을 듣기만 한다면 조금 아는 아마추어지 프로라고 이야기할 수 없다.

많이 본
사람이
통찰력이
있는 게
아니라,

통찰력이
있는 사람이
많은 것을
보는 것이다.

아이는 걸음마를 배울 때 넘어지는 기술부터 익히고,
안전을 책임질 수 있을 때 모험에 나선다.
중심 균형을 깨트려야 앞으로 나갈 수 있다.
그리고 바로잡아 설 수 있다.
앞으로 나간다는 것은 기존의 틀을 깨는 것이다.

알고 있는 것 이상을 이야기하면 말이 헛나가고, 직접 경험한 것을 아는 만큼 말하면 진솔하게 전달할 수 있다. 경험이 없다면 거짓으로 꾸미지 마라.

약자가 싸우는 방식은 남에게 미루는 것이다. 내 경험이 아닌 것은 내 업적도 아니다.

어떤 방법으로 성공하게 되면 새로운 방법에 대해서는 기대하지 않게 된다.

실패했다. 그렇지만 그 실패는 다시 활용할 수 있다. 잊지 말자, 왜 실패했는지를.

재능을 타고났다는 말은 다 헛소리다. 그냥 좋아하는 일을 오랫동안 하다 보면 재능은 절로 생긴다.

어떤 실험은 모두를 위험하게 만들기도 한다. 하지만 그 한 단계를 넘어서기 위해, 위험한 실험은 꼭 필요하기도 하다.

어떤 일이든 수치로 객관화할 수 있어야 한다. 하지만 새로운 길을 창조하는 이에게는 매 순간 생각하고 실패하는 과정 이외에 필요한 것은 없다.

# 아는 만큼 생각할 수 있고, 많이 봐야 가장 좋은 것을 찾을 수 있다.

# 남이 못 보는 것을 본다는 것은 축복이자 저주다.

위기는 위기, 기회는 기회. 위기를 기회로 여기는 것은 바보짓이다. 물고기의 눈으로 360도 살피고, 매의 눈으로 먹이를 포착하고, 날카로운 발톱으로 움켜잡아야 한다.

일론머스크도
성공만
한 것은
아니다.

큰 성공 때문에

실패가

가려졌을

뿐이다.

**질은 많은 양에서 비롯될 수 있다. 멋진 사진은 가장 많이 찍은 사람에게 나오며, 보이는 것은 버려진 것에 비하면 아무것도 아니다.**

이기는 데 익숙해지려면 지지 않는 것에 더 익숙해져야 한다.

인과율의 법칙, 칼과 방패, 지략과 모략은 승리의 스타일을 깨는 데서 시작한다. 이기기 위해선 질 수도 있다. 전투에는 져도 전쟁에서 승리하면 된다.

장인의 말투나 행동이 교만하게 보일 수 있다.
하지만 그럴 수 있는 것은 자신의 모든 인생을
걸어 그 분야 전부를 경험했기 때문이다.

계획하고 살면 계획 때문에 기회를 놓친다.

처음 선택한 것이 가장 훌륭하게 되는 것은,
이미 많은 시간을 할애하고 살펴봤기 때문이다.

첫 숟가락을 올리는 것은 어렵다.
하지만 일단 올려놓으면 그다음은 조금씩
파먹을 수 있게 된다.

이 과정에서 다음 과정으로 넘어갈 때 발생하는 고민은 아무도 모른다. 특히 책으로는 전혀 알 수 없는 것이 있다. 말로 할 수 없는, 오직 경험만이 해답인 경우가 있다.

매일 실험하고, 수정하고, 바꾸는 일을 하는 과정은, 옆에서 지켜본다 한들 잘 알 수 없다. 경험은 오직 하는 사람에게만 누적될 뿐이다.

충고했는데도 알아듣지 못하는 사람에게 경험은 가장 좋은 약이다.

# 한 번, 그 한 번으로 모든 것이 틀어지기 시작한다.

한 번은 운이지만, 두 번부터는 실력이다.

성공한 사람의
차, 건물, 집은
부러워하면서

그의 실패,
고통, 가난을
따라 하려
하지 않는다.

# Chapter2. 구조

조직

# 루피*도 해적왕이 되려고 동료 찾는 일을 멈추지 않잖아. 하고 싶은 일을 하기 위해서 나의 꿈을 믿어줄 수 있는 동료를 찾아야 한다.

루피
일본 베스트셀러 만화 '원피스'의 주인공

늘 수평적인 사고와 수직적인 체계를 가지고 있어야 하며, 결정은 최종 결정권자가 내려야 한다. 중구난방으로 결정하면 갈림길에서 헤매게 된다.

서로 다른 꿈을 가진 사람들에게 붕어빵처럼 똑같은 생각의 틀은 지옥과 다를 바 없다.

꿈이 큰 사람은 작은 그릇에 모두 담을 수 있도록 마트료시카*처럼 차례대로 포함시켜야 한다. 조직이란 모두 같은 꿈 안에 포개져야 한다.

마트료시카(Матрёшка)
나무로 만든 러시아의 인형. 이 인형을 열면 그 속에 작은 인형들이 겹겹이 들어 있는데 보통은 네 개에서 아홉 개, 많게는 수십 개에 이르는 인형이 몸통 속에 차곡차곡 들어차 있다.

나약하니까 뭉치는 것이고 힘이
없으니까 지혜를 쓰는 것이다.

헝클어진 실은 잘라버리면 끝이다.
기회를 줬을 때 보여주지 못하면
냉혹해져야 한다.

'내 주변에는 왜 이렇게 사람이 없나'
하며 외부에서 끌어들일 생각만 한다.

훌륭한 대본이 있어야
애드리브도 빛날 수 있다. 위대한
인물도 온전히 자기 힘으로
이룩한 일이란 그리 많지 않다.

# 도박에는 운이 아니라 팀이 필요하다.

말 잘하는 놈, 힘 쓰는 놈, 머리 쓰는 놈 구색이 맞춰져야 조직도 힘을 얻는다.

말을 바꾸는 게 아니라 세상에 눈높이를 맞추는 것이다. 정체된 업체에 열광하는 팬은 없다.

내부에 있는
사람도 속이지
못하면서
어떻게 외부에
있는 적을
속일 수 있으랴.

혼자서 하는 것처럼
편한 것도 없다.
하지만 같이 했을
때처럼 재미있지는
않다.

뭐든지 혼자서 다할 거라면 직원은
자선사업하려고 데리고 오나?

미식축구를 보면 공격, 수비조가 따로 있다.
아무리 공격을 잘해도 수비가
뒷받침하지 못하면 팀은 승리할 수 없다.
팀 승리란 서로를 믿고 맡기는 것이다.

서비스의 기본은 배려하는 마음이다.
주인이 아닌 사람이 주인 흉내를
내기는 힘들다.

소니, 미쓰비시, 도요타가 망가진 것은
오랜 세월 동안 누적된 작은 실수들과
단 한 번의 리스크에 제대로 대처하지
못해서다. 살펴보라. 혹시 작은 실수가
누적되고 있지는 않은지.
한 방의 리스크는 언제든 올 수 있다.

열정을 불 태울 수 없다면 그런 사람을 찾아서 돕기라도 해야 한다. 마음의 불길은 전염된다.

스티브 잡스는 최고의 인재를 찾아 그들의 아이디어를 선택하고 출시를 결정하면 되었다. 그는 깔때기의 끝. 선택자이며 결정권자였다.

실력은 없지만 열정이 보이면 지켜보게 되고, 실력은 있으나 열정이 없는 사람에게는 현재의 실력 이외에는 기대할 게 없다.

쓰레기를 입고 있어도 남다른 사람이 있지만, 보석 속에 쓰레기 같은 생각만 담고 있는 놈들도 있다.

게임에도
룰이 있는 거야.
처음부터
끝판 대장이 나서면
위신이 안 서잖아.

# 상사에게
# 안 보이는
# 노력 같은 건

# 회사에서
# 하지 마!

# 내부에서 할 일을 외부로 드러내지 말아야 한다.

조직도 야구랑 다를 바 없어. 번호 있지, 자기만의 연장이 따로 있지, 쉽게 못 나가지, 같은 색 옷 입지….

직원을 월급 도둑으로 만들지 말자.
불러놨으면 끝까지 지원을 하든가. 아니면
적성에 맞는 다른 회사로 빨리 내보내주든가.

치아 하나가 빠져도 불편한 점을 잘 못 느낀다.
하지만 위아래로 맞닿는 곳이 빠져버리면
정말 괴롭다. 조직도 지식도 마찬가지.

야바위도 혼자 하지는 못한다.
바람잡이, 망보기, 어깨, 기술자의
손발이 맞아야 수익이 나온다.

작은 구멍으로도
물은 빠져나간다.
조직도 사람도 매한가지.

배려를 하면 정리를 못 하게
되니까 정리하고 배려하자.

함께하기 전에 했어야 할 당연한 질문을 덮고
시작하면 그 문제 때문에 상대가 아닌 나에게
계속 질문하게 된다.

나쁜 회사에서는
내가 가지고 있는
재능이 알려지면
일이 늘어난다.
좋은 회사에서는
재능을 살릴 수 있는
기회가 주어진다.

# 네 말도 옳다.
# 하지만
# 결정은
# 내가 한다.

팀 경기에서 한 사람이 잘한다고 이길 수 있는 것이 아닌 것처럼 조직도 업무 프로세스의 부드러운 연결이 중요하다. 한 사람이 시간을 끌면 효율은 떨어지고 전체 스케줄을 재조정해야 한다.

완벽하지 않은 부품으로는 시계가 제대로 돌아가지 않는다. 대충 끼워 넣은 인력 때문에 프로젝트는 깨진다.

미국에선 감옥에서도 스마트폰을 이용해서 조직을 관리한다. 의사 결정도 페이스북으로 하고. 기업도 마피아식 경영관리 기법을 배워야 한다. 범죄와 포르노 산업은 새로운 기법을 도입하는 데 주저함이 없다.

처세

어리석은 사람은 좋은 이야기를 해주어도 그 어리석음으로 인해 분란이 일어나고, 현명한 사람은 옆에서 듣고도 자신에게 도움이 되게 만든다.

겸손하고,
겸애하고 다 좋다.
약자였을 땐 그렇게
하는 게 맞고
강해지면 그런 척만
하는 거다.

당신이 손가락 하나로 남을 가리킬 때, 손가락 세 개는 나를 가리키고 남은 하나는 하늘을 가리킨다. 손가락질 하고 싶다면 내가 어떤 사람인지 하늘 앞에 생각해 봐라. 세 번 정도.

강물에 먹물 한 방울 떨어졌다고 강물이 먹물이 되지 않고, 먹물에 물 한 방울 떨어졌다고 물이 되지도 않는다. 바꾸려면 벼루에 있는 먹물을 강에 흘려라.

나쁜 생각은 말하기 힘들고 나쁜 행동은 감추기 바쁘다. 후회할 일은 처음부터 그만두는 것이 좋다.

강물이 잔잔해 보여도 안에 들어가 있지 않으면 강물의 유속이나 깊이는 모른다. 겉으로 보이는 것과 실체는 다르다.

급해서 막 지어낸 거짓을 이야기하는 것은 들키지 않을 때까지만 효용성이 있다. 만약 완벽한 거짓을 하려면 평생을 이어갈 스토리가 만들어져야 한다. 안 들키기 위해 그리 살아야 한다… . 공자 같은 사람 참 힘들었겠어.

깊이 생각하면 어느 정도 답은 나온다. 하지만 너무 깊이 들어가면 인간 내면의 바닥까지 보게 되어 흠칫하게 된다. 난 이런 사람이었구나 하는….

나도 좋은 말 좀 써볼까 하다가 예수, 부처, 공자한테 딱 걸리는구나. 사랑, 의리, 충의, 덕, 예, 우정 등은 남의 몫.

나쁜 나는 항상 좋은 나를 이긴다. 좋은 나는 가끔 깨어나지만 나쁜 나는 좋은 나를 사라지게 만든다.

계약서로 상대를 구속하고자 한다면
생각할 수 있는 모든 것을 자세하게 명시하라.
하지만 그럴 생각이 아니라면 간단하게
이해할 수 있는 한두 장의 계약서로도
충분하다. 종이가 아니라 신뢰를 사야 한다.

남의 흠이
잘 보이는 것은
나의 흠만큼
보이는 것이다.

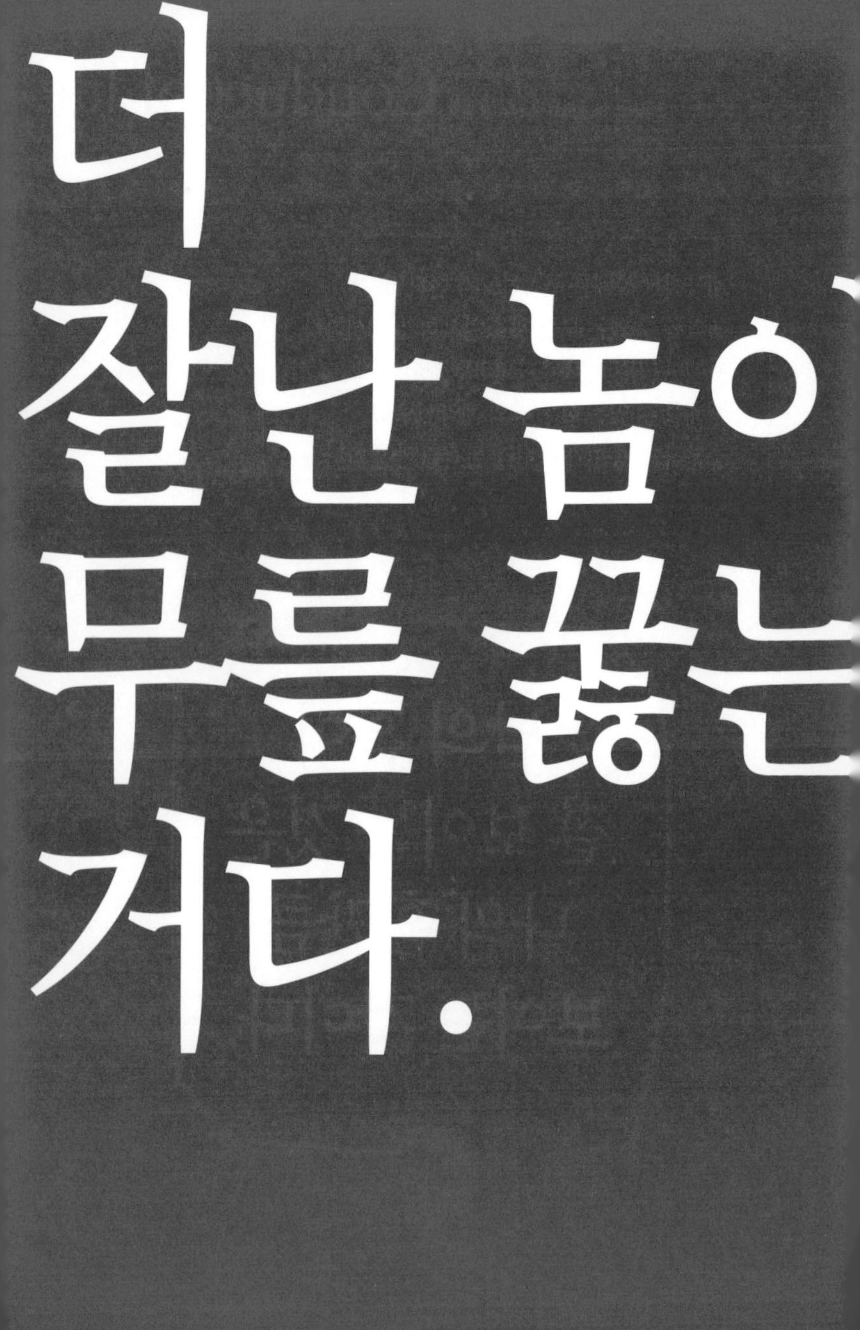
더
잘난 놈이
무릎 꿇는
거다.

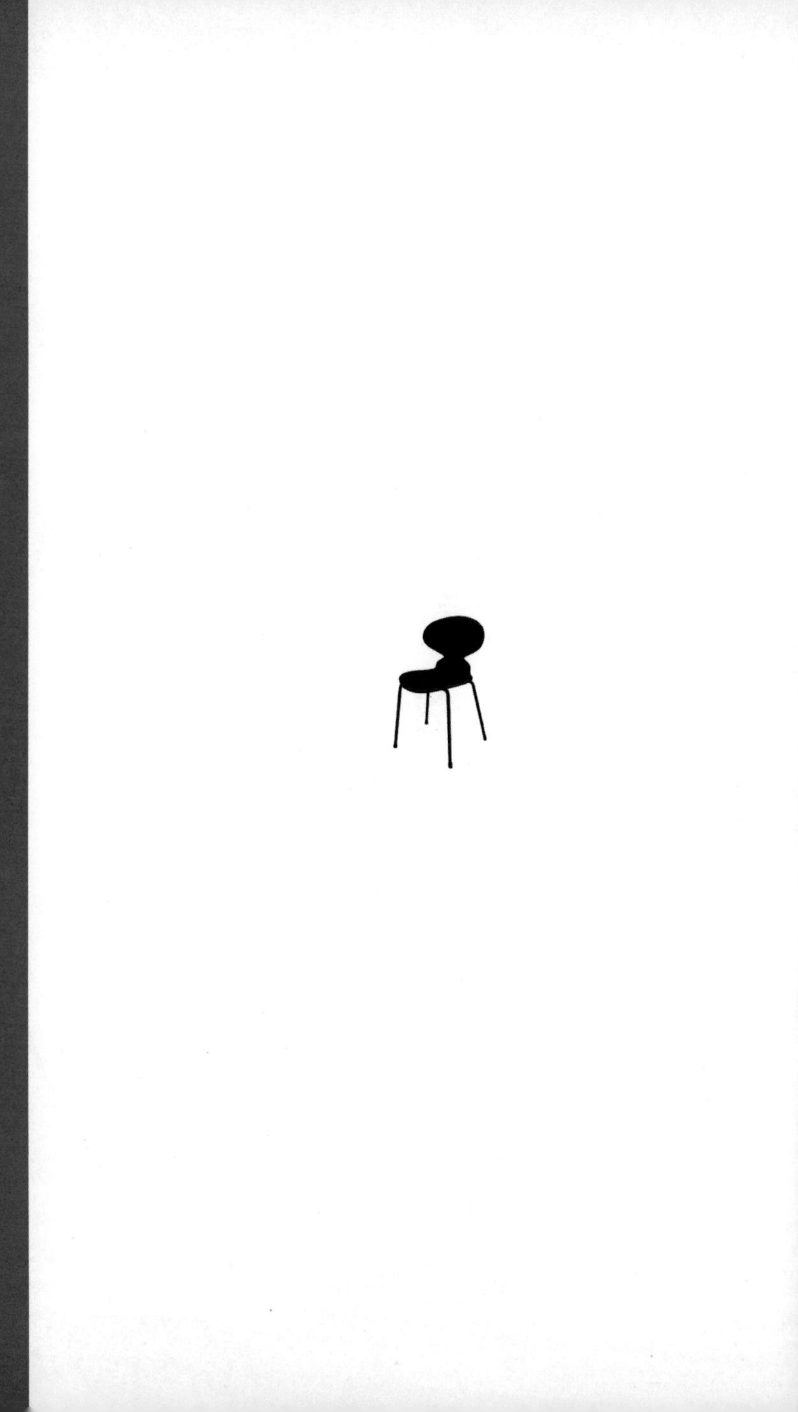

나에게 쓸모없는 것도 남에게는 절실한 것일지 모른다.
그냥 조금 나눠주자.

거짓말, 오글거림,
뻔뻔함, 천박함이 있다면
누구나 성공할 수 있다.
대신 그걸 꾸준히
해야 한다. 남에게는
좋은 사람처럼 보여야
하니까.

남에게 무언가 배우고자 하면 일단 그릇을 비워야 한다.
겸손이라는 이름으로.

높은 자리에 있는 놈이나 낮은 자리에 있는 놈이나
미리 물을 준다. 보험은 미리 들어놓는 게 상책!

단편적인 것을 보고 모든 것을 다 봤다고 생각하는
사람들에겐 어떤 이야기나 진실도 필요 없다.

**약한 자에게 고개를 숙일 만큼 간악한 자는 지위가 올라갈수록 그들의 골수를 빼먹는다.**

독과 약은 거의 같은 성분이며 양에 따라 독이 되기도
하고 약이 되기도 한다. 술은 사람 간의 대화를 이끄는
도구가 되기도 하지만 많이 마시면 모든 것을 망친다.

룰을 지키지 않는 자들이 피해갈 룰을 만든다는 것을 잊지 말자. 그 안에 속하거나 그걸 뛰어넘거나.

사업상 친절함에는 칼이 있을 수 있고, 사업상 정중함에는 경계심이 들어 있다. 본심을 알기 위해 술을 마셔도 술 깨면 원래 자리로 올 확률이 높다.

수고스러움이 없다면 한 치도 앞으로 나아가지 못한다. 때로 남을 이용하고 싶겠지만 남들도 나만큼 영리하다는 것을 잊지 말아라.

## 세상은 계속 바뀌지만 인간은 안 바뀐다. 자동 반응하는 인간의 심리를 공략하라.

# 스스로 알고 있는 답을 자꾸 다른 사람에게 묻고 확인하지 마라. 시간 낭비다.

때로 아둔한 자가 영민한 자를 이기는 것은 사람들이 영민한 자의 처세술을 싫어하기 때문이다. 모든 결과는 걸리기 전까지다.

똑똑한 사람이 세상에 기여하는 것보다 평범한 바보가 더 기여한다. 똑똑할수록 법을 피해가다 걸려서 범죄자가 될 가능성이 높다.

# 뒤통수에
# 눈 달린 놈들

머리가
가려워서
긁다가
눈이나
찔려라.

본심을 감추고 돌려 말해도 상대방에게는 다 보인다. 협상하려면 제대로 하든가, 아니면 빨리 판을 깨라.

불공정하므로
더 큰 부를 얻을
기회가 생긴다.

아무리 딱딱한 석화라도 알맹이는 부드럽다.
처음부터 맨살을 내보이는 석화는 없는 법.

약자는 시키는 대로 하지만 강자는 자기 맘대로 시킨다.

용기 없는 자는 말이 많고
신념 없는 자는 듣기만 한다.

어려운 일은 남의 손을 빌린다.

어리석은 질문에 현명한 답을 하면
멍청한 인간은 화를 낸다.

# 먹는 거 안 아끼는 사람은 머리를 채우는 데 인색하고, 돈 쓸 줄 모르는 사람은 좋은 사람이 옆에 남지 않는다.

## 지킬 게 많은 놈이 약자다.
## 가진 것도 없으니
## 두려울 것도 없다.

약자가 승리하고 싶다면 적보다 오래 살아라.
죽음만이 공평하다.

어떤 것은 오래되면 썩는데 어떤 것은 오래되면 숙성된다. 뒤집어주고 만들어주면 100년 넘게도 먹는 된장이 있는가 하면, 사람의 생각이 썩으면 자신도 남도 다치게 한다.

언제나 스스로 빛날 수 없기 때문에 누군가의 밝은 빛이 필요하다. 하지만 언젠간 그 빛도 사라진다. 이젠 어둠에 익숙해지자.

하찮은 일을 하는 사람은 성공할 수 있는 기회가 있지만, 중요하다고 생각하는 일을 하는 사람은 목 날아갈 확률이 높아진다.

인생의 대부분은 남을 위해서 살아간다.
지금 내가 나를 위해서 한 것이 무엇인지 생각해 보자.
남의 생각, 남의 일에 파묻혀 있지 않은지.

잔이 차면 넘치듯, 생각도 차면 넘쳐서 자신의 일을 하지 못하게 한다. 적당히 생각하고 작은 규모에서 실천해서 성공 사례를 만들어야 다음 생각을 실천할 수 있다. 안 그러면 남들이 해 놓을 때 '나도 저거 생각했는데…' 라는 말만 하게 된다.

매력적인 사람은
언제나 이길 수 있지만
매너를 지키면서
이겨주는 아량도 가져야
한다. 오로지 이기는
것에만 집중하면
오랫동안 이길 수 없다.

똑똑한 자는

적을 만들고,

현명한 자는

# 적과 함께 한다.

# 다 잘하려는 생각은 버리고 잘하는 사람과 친해질 방법을 찾아라.

표정의 변화와 몸에 밴 습관도 훈련을 통해 감추거나 조작이 가능하다. 갬블러가 아니어도 스스로를 알지 못하면 남에게 이용 당한다.

세상이 바뀌는 것보다 내가 바뀐 것을 알아채는 적을 경계해야 한다.

사람들은 지적은 쉽게 해도 도와주지 않는다. 그러니 남의 말에 신경 쓸 필요 없다.

원하는 것을 얻기 위해 남의 발밑에 있는 것 따위가 뭐 어렵나! 얻기만 해 봐라.

## 너의 운이 너를 성공하게 하지만 너의 본질이 너를 실패하게 한다.

인간의 불행은 주변을 자꾸 보는 데 있다. 앞만 보고 자신만 보면 아무런 문제가 없는데 옆을 보고 주변과 비교 당하게 되면 불행이 스멀스멀 기어들어온다.

먹고사는 데 창피한 것 같은 건 없다.

겸손해야 하는 이유. 나보다 모자라는 사람은 없다. 다만 내가 하는 분야에 관심을 가지지 않았을 뿐이다.

어떤 사람에게 지식은 자신을 방어하는 방어벽이 되지만 어떤 사람에게는 지식도 흉기가 된다.

## 우아함이 생기는 것은 치열함이 다 끝났을 때 생각할 수 있는 문제다.

고개 숙이는 것 정도로 뭘 그래.
살다보면 그런 건 아무 것도 아냐.
연극배우는 배워야 연기를 하지만
우린 본능적으로 하잖아.

실력 없는 놈이 허세를 부리면 웃고 넘어가지만
실력 있는 놈이 허세를 부리면 미움 받는다.

유머를 즐기는 사람에겐 인생을 헤쳐나갈
여유가 있다. 최악의 상황에서도.

# 유비가 뭐가 있었나?

어쭙잖은
족보랑
선량한 외모
그리고 그냥
빌어댈
뿐이지.

소통

이래서 안 되고 저래서 안 되고 부정적인 대답을 하는 사람에게는 제안하고 질문하는 방법을 바꿔야 한다.

## 말해서 후회할 것을 말하면 상대방 또 볼 생각을 말아야 한다.

군대에서 배운 단 한 가지 명언. 아무리 많이 알아도 말로 표현하지 못하면 아는 게 없는 거다.

남에게 바라는 것이 있다면 거짓 없이 내 욕심도 모두 다 보여주는 질문을 하라. 답을 얻기 위해서 내가 어떤 생각을 하고 있는지 명확히 할 필요가 있다.

생각 없이 많은 말을 하면 실속 없는 사람이 되지만, 많은 생각을 하고 필요할 때 말하면 존경받는 사람이 된다.

누군가를 대상으로 의도해 말을 하면 엉뚱한 사람이 화낸다.

내용이 아무리 좋아도 들리는 목소리가 짜증나면 내용에 집중하지 못한다.

아는 것을 말하지 못하면 아는 것이 아니요, 모르는 것을 모른다고 말하지 못하면 창피한 일을 겪게 된다.

답을 얻고 싶다면 핵심을 찌르는 질문을 해야 한다. 그리고 상대방을 치켜세우는 미사여구 또한 잊지 말아라.

어떤 사람에게는 글로, 어떤 사람에게는 그림으로, 어떤 사람에게는 말로, 문제를 해결하는 방식을 달리해야 한다.

우리는 인용이라는 빚을 지고 살고 있다. 내 생각이란 결국 남의 글이나 생각의 인용이다. 늦게 태어난 원죄지만 전 세계 누구와도 대화를 나눌 수 있는 좋은 시절을 살고 있지 않나?

# 들을 마음이 없으면 말하지 말자.

# 전달력이 강한 사람일수록 말을 잠시 아낀다.

상대를 깨우치기 위해 돌려 이야기하다 보면
못 알아들을 때가 있다. 힘쓰지 말고 그냥 내버려둬라.
스스로 깨치는 것이 정답이다.

수준 낮은 질문에는 수준 낮게 답해 줘야지, 수식어로
있는 척해 봐야 질문한 사람이 답을 얻지 못한다.

# 어떤 긍정의 말도

어떤
상황에서
누군가가
하면
약담이
된다.

유머가 없는 세상은 숨 막힐 것이다. 그렇지만 어떤 이는 자기만 유머라고 여기는 것들로 남에게 상처를 준다.

조금 안다고 전체를
아는 것처럼 떠드는 순간
정체가 탄로 난다.

자신에게 답이 있으면서 자꾸 다른 사람에게 물어보는 것은 자신의 답을 확고히 하기 위함이다.

지적 허세를 부리기는 쉽다. 그냥 책만 많이 읽으면 되니까. 하지만 간단명료한 말로 남을 감동시키기란 어렵다.

칼집 없는 칼은 나를 다치게 할 수 있고, 생각 없는 말은 나를 곤란하게 만든다.

웃고자 한 말이 남에게 상처를 준다면 웃을 수 없을 것이요,
상대를 죽이고자 한 말에 호응이 없다면 공허한 메아리일 것이다.

**자라온 환경에 따라
80억 인구 모두
다른 언어로 산다.
말이 통할 뿐이지
한국인이라고 해서
의미까지 통하지는 않는다.
그래서 제안서가
두꺼워지는 것이다.**

칼은 원래
자르라고 있는 것이다.
말을 칼로 쓸 때에는
여지를 두지 마라.

## 수준 낮은 질문엔 같은 수준으로 답해 줘야지 Communication

혀는 생각보다 먼저 움직일 수 있어서, 이로 닫아놓고 입을 다무는 구조가 만들어졌다. 이젠 손도 그렇게 해줘야 한다. 생각하고 말하듯 생각하고 글을 올려라.

뱉은 말은 부메랑 같아서 아주 빠르게 그리고 뒤로 돌아와서 들린다.

남의 생각, 남의 말로 이야기하지 마라. 같은 책, 같은 철학을 배운 사람에게겐 통용되지 않는다.

# 어떤 질문이 당사자를 불편하게 했다면

본질에
접근했다는
이야기다.

선택

80억 인구엔 80억의 신이 있다. 결코, 같은 신을 섬길 순 없다. 불리는 이름만 같을 뿐.

험난한 가시밭길도 저 좋으면 어쩔 수 없다. 좋다는데, 나는 구경이나 하자.

# 게임 중에 점수는 볼 수 있지만, 기록으로 남기려면 죽어야 한다.

아무리 훌륭한 전술이라도 선택의 여지없이
하나의 전술로만 싸우면, 적을 괴롭힐 수는
있지만, 최후의 승리를 얻을 수 없다.
전투에서 이길 것인가, 전쟁에서 승리할 것인가.

꽉 움켜쥔 두 손으로는 새로운 것을
잡을 수 없다. 시간이 지나면 어차피
손 사이로 다 빠져나간다.
여유롭게, 선택의 틈을 두자.

나는 내가 선택한 결과로 존재한다.
그래서 항상 지금의 선택에 고민하는 것이다.

다 채운 사람은 과거를 생각하는 일이 많고,
덜 채운 사람은 미래만 생각한다.
때론 버려야 새로운 것을 채울 수 있다.

인간은 그때그때 자신만의 저울을 작동시킨다. 양심과 욕망이라는 저울.

도구는 쓰임새가 정해진 게 아니다. 연필도 때론 흉기가 된다.

때로는 앞으로 더 많은 일을 하기 위해서, 지금 하는 일을 줄여야 한다.

선택은 동시에 할 수 없다. 그래서 MOU(memorandum of understanding, 양해 각서)라는 걸로 잠시 묶어놓는다.

인정할 건 빨리 인정해야 한다. 얄팍한 수는 통하지 않는다.

# 실수에 안타까워하는 동안 새로운 기회를 잃는다.

선택했다면 절대 후회하지 말고
뒤돌아보지 마. 시간 낭비와 생각
낭비는 잘못 선택한 것보다 더 나빠.

선택했으면 집중을 해야 하고,
초점을 맞춰야 불도 일어난다.

# 더 많은 것을
# 얻기 위해

가진 것을
다 내놓아야
하는 일이
생긴다.

계속 피하면
불운이
안 온다고
생각하지
말자.

도망치는
현실 자체가
불행일지
모른다.

스스로 정해서 무언가를 해냈다고 생각하지만, 보이지 않는 힘은 늘 작용하고 있다. 내가 선택한 것이 아니라 선택당한 것이다.

만화영화 마징가 제트에 이런 대사가 나온다. 너는 신도 악마도 될 수 있다. 세계 정복도 네 마음대로다. – 난 악마에 한 표 준다.

## Choice

약자 편에 서는 게 이익이 될 때도 있지

아무 돌이나 부싯돌이 될 수 없다.
무조건 나무를 비빈다고 불이 붙지 않는다.
노력은 기본이지만 엉뚱한 노력이나 틀린 방법으로는 성과를 낼 수 없다.

열정이란 아주 작은 불씨, 이것저것 다른 것에 신경 써서는 불씨가 커지지 않는다.

조그마한 가시나 깨진 유리 조각이 몸에 들어가는 것만으로도 큰 고통을 호소한다. 일단 째고 피를 봐야 아물고 온전한 상태로 돌아갈 수 있다. 귀찮다고, 아직은 괜찮다고 과감히 버리지 못하면 더 큰 고통만 생긴다.

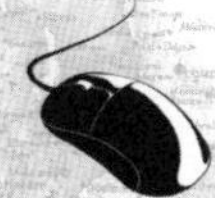

모래시계는 모래가 다 떨어지면 뒤집을 수 있지만 인생은 뒤집지도 돌이키지도 못한다.
선택 당하기 시작하면 선택할 수 없게 된다.

# 빠른 판단으로 좋은 결정이 되면 좋지만 늦은 판단은 그 자체로 이미 모든 것을 잃는다.

진짜 고민해야 하는 건 이미 잘못된 걸 바로잡는 게 아니라, 잘못된 방향에서도 좋은 결과를 만들어내는 것. 대부분 엉뚱한 데 시간 낭비한다.

할 수 있는 일을 재고 검증하느라 바로 시작하지 않으면, 조금 늦어 후회하게 된다.

항상 문제는 용기 없음이 아니라,
순간 반응에 있다.

전력 질주하려면 거추장스럽게 매달아놓은 것들은 모두 내려놓고 뛰어야 한다.

사람은 마음에 고지식한 저울이 있어서, 일단 어떤 것에 맞춰지면 다른 무엇을 올려놔도 움직이지 않는다. 그래서 사람은 위험하다.

때로는
약자 편에
서는 것이

더 큰
이득이
될 수 있다.

톨게이트에 많은 차가 동시에 몰리면
정체현상이 생긴다. 삶도, 일도, 공부도
마찬가지다. 하나씩 해결해야 한다.

사회에서 가장 위험한 것은 어떤 줄도 타지 않고 가늘고
길게 가려는 생각이다. 거미는 그 얇은 거미줄을 자기
몸에서 뽑아내니까 상관없지만, 스파이더맨도 아니잖아?
한쪽 편에 서야지. 적어도 스스로 정의라 생각하는 곳에.

새로운 길을 가는 사람이 길을 잃는 것은
당연한 일이다. 내 길을 만든다는 것은 길을
잃고 스스로 찾아가는 일이기 때문이다.

항상 선택의
갈림길이 있다.
상승할 것이냐
하락할 것이냐.

# 열정이 있어도 방향을 잘못 잡으면

욕망만
남게 된다.

# Chapter3. 업무

아이디어

Sun Mon Tue

30 31

100만 년 뒤에도
시트콤이나
막장 드라마는
살아남을 것이다.
비현실적인 상상은
최고의 재미를 준다.

18

d Thu Fri Sa

아무리 훌륭한 아이디어도 손에 잡히지 않으면,
지금까지 왜 이런 게 없었나 할 것이다.
보이고, 만지고, 쓸 수 있어야 가능한 게 있다.

같은 걸 계속 생각하면 더 좋은 아이디어로
발전하거나 스스로 다른 상자에 넣어두게 된다.
그 상자는 버리는 것이 아니라 새로운 시대나
자신의 위치가 바뀔 때까지 기다릴 뿐이다.

5

12 13 14

과거의 경험으로 새로운 미래의 일을 예측하지 마라.
같은 일이 반복되는 일은 아이가 태어나고 자라는 것뿐이다.

19 21

같은 걸 다르게 보는 시각이
새로운 발상을 만들어낸다.

Sun Mon Tue

금의 가치만큼 중요한 생각을 하고
다이아몬드처럼 가공하라.

기계에게 영감이나 아이디어,
긍정의 에너지를 바라지 않는다.

두 배로 노력해도 더 미끄러질 땐 바로
올라가지 말고 옆으로 돌아가자. 방법은
시도해보지 않은 곳에서 찾는 게 낫다.

남의 것과 비슷한 아이디어라 할지라도
전혀 다른 방식으로 활용한다면 그것
또한 새로운 아이디어다.

남의 아이디어를 내 것처럼 만들려면
내 아이디어가 무엇인지 생각해야 한다.

d Thu Fri Sa

# 글이나 책으로 남기는 것은 머릿속에서 내려놓기 위함이다. 있는 걸 내려놔야 새로운 걸 올릴 수 있다.

5 6 7

12

내 아이디어가 아니면 안 된다, 내가 알고 있는 것이 아니면 안 된다는 사람들과 새로운 일을 도모하기란 힘들다. 그래도 같이 해야 한다면 칭찬하고 수용해 주면서 자기 것도 포함시켜라.

19 21

내 안에서 의문점에 답을 내지 못할 때 남에게 묻는 것은 쉽지만, 그것은 내 생각이 되지 않는다. 생각과 고민 끝에 조그마한 답이라도 얻었다면 그것은 나의 것이다.

# 아이디어란

남의 것 대부분에

내 것 약간이다.

Sun Mon Tue

# 눈과 귀가 즐거운 것은 잠시의 일이요, 생각하는 것은 오랫동안 즐겁다.

4

9 10 11

16

디지털 시대에 우리가 잊고 있는 것은 종이와 연필이다. 스마트폰보다 스마트하고 그 어떤 것보다 간편하다. 머리가 손을 통해 지시하는 것을 표현할 수 있기 때문이다.

d Thu Fri Sa

내가 만든 결과물은 훔쳐갈 수 있지만
내가 만들 것에 대한 생각은 훔쳐갈 수 없다.

5 6 7

달걀이 속에서부터 깨지면 병아리가 나오지만
밖에서 깨지면 프라이가 된다. 내부에서 창의성을
발현하려면 외부의 간섭을 최소화해야 한다.

12

그 시대의 트렌드를 읽어낸 발명이 사업적으로
성공할 수 있다. 만들어놓고 특허 기간이
지나버리는 경우도 허다하다.

19 20 21

물과 기름은 비중이 달라서 뜨지만
유화제를 넣으면 물과 기름을 섞을 수 있다.
새로운 아이디어로 기존 아이디어를 대체할 때는
중간다리가 될 아이디어가 있어야 한다.
유화제처럼.

배운다는 것은 흉내 낸다는 것이고 창조한다는 것은 흉내를 벗어난다는 것이다. 내가 가진 것을 버리고 새로운 것을 추구하는 것은 언제나 쉽지 않다. 하지만 나비가 되려면 애벌레의 허물을 벗어야 한다.

바닥 상태에서는 아무거나 다 생각할 수 있지만 그걸 구현하기는 쉽지 않다. 가능하면 자신과 주변에서 실현 가능한 아이디어로 시작하는 것이 최선이다.

별의별 알고리즘으로 불편하게 만들어도 처음부터 다른 곳에서 문제를 해결하는 사람에게는 아무런 문제가 안 된다.

보고 베껴 만드는 것은 쉽지만 없는 것을 만들어보는 것은 완전히 다른 차원의 일이다. 언제나 남의 것을 베낀다면 언제까지 그 자리에만 있을 것이다.

d Thu Fri Sa

복잡한 것을 단순하게 만들려면 핵심을 찾아내는 통찰력이 필요하다. 무엇을 위한, 누구를 위한 것인지를 끝없이 생각하면 답이 나온다.

5 6 7

부자는 먹고사는 데 여유 자금이 많고, 아이디어가 많은 사람은 생각할 시간이 많다.

12 13 14

# 때로는 실수를 통해 새로운 아이디어를 얻기도 한다. 하지만 자주 실수한다고 새로운 아이디어를 얻을 수 있는 것은 아니다.

19 20 21

아이디어로
세상을
바꿀 수
있지만

# 누군가의 아이디어는 세상을 망친다.

Sun Mon Tue

30 31

생각을 정리한다고 마인드맵을 쓰면 대체 뭘 그려놨는지
자기도 모른다. 로직과 흐름이 없기 때문이다.

2 3 4

생각의 근육을 키워라.
같은 생각을 반복적으로 하면
뇌는 더 효율적으로 돌아간다.

10 11

생각이란 드립 커피처럼 천천히
한 방울 한 방울 오랜 시간에 하기도 하고
에스프레소처럼 빠르고 강하게 뽑아내기도 한다.

16

세상에 없던 것을 만드는 사람이 듣는 말은 그걸로
먹고살겠냐는 이야기나 부정적인 이야기다.
언젠가는 그 사람들도 사용할 날이 온다.

세상에
새로운 것은 없다.
멋진 아이디어라도
지금 이 순간
81억 인구 중 누군가
비슷한 생각을 하고
혹 먼저 일을 하고
있을지 모른다.

# 똥은 썩으면 비료가 되는데

생각이
썩으면
다
망가뜨린다.

Sun Mon Tue

# 아이디어는 큰 거 하나로 끝나는 게 아니라 작은 아이디어를 세심하게 조합하는 것이며, 더 좋은 아이디어가 있다면 바로 바꿀 수 있어야 한다.

세상에는 똑똑한 사람들이 만들어놓은, 생각을 시각화하는 방법이 많이 있다. 그러나 그냥 따라 하지 말고 자신만의 것과 합쳐야 한다.

스케치나 메모마저 완벽한 사람이 가끔 있다. 하지만 창조적인 일에 있어서는 슬슬 한 사람의 결과물과 똑같은 것이 나온다.

d Thu Fri Sa

쌍둥이도 똑같은 선은 그릴 수 없다. 미세한 근육과 신경의 발달 차이로 비슷한 얼굴을 가지는 것은 가능하지만, 같은 글자나 그림을 그릴 수는 없다. 사람의 창조물은 모두 독창적이다.

5

아이디어 잘 내는 사람은 계속 새로운 아이디어가 생각나서 실현할 시간이 없다.

12

운 좋으면 한 번은 알파가 될 수 있다. 하지만 매번 알파가 되는 것은 기적 같은 일이다. 일론 머스크가 매번 기적을 이뤄낼 수 있는 것은 처음부터 다른 생각에서 시작하기 때문이다.

19

인간이
틀에
맞추면
생각의
자유를
빼앗긴다.

Sun Mon Tue

아이디어가 떠오르지 않는 것은 남의 아이디어를 인정하지 않기 때문이다. 남의 것도 내 것으로 만드는 것이 아이디어의 원천이다.

아이디어가 떠오르지 않는다면 아이디어가 가득한 상품이나 제품이 있는 곳을 방문해 보자. 아이디어란 새로운 것이 아니라 다른 것과 접목할 것을 발견하는 것이다.

아이디어는 차고 넘친다. 다만 그걸 발견하지 못했을 뿐이다. 더 이상 자기 머리에 아이디어가 없다고 하지 마라. 남의 것도 분야에 맞추면 내 것이 된다.

우리가 사용하는 물건들 중에는 실수에 의해서 발견되었거나 의도하지 않는 쓰임새로 사용되는 것들이 있다. 실수와 실패도 관찰하고 고정관념에서 벗어나 생각하라.

Thu Fri

직원의 아이디어를
죽이는 것은 너무 쉽다.

"그런 것도
아이디어라고
낸 거야!"

한마디면 된다.

Sun Mon Tue

30 31

빈 종이에는 뭐든
그릴 수 있지만
더러운 종이는 그릴 수 있는
공간이 적다. 남의 생각,
제안을 받아들일 땐
빈 종이처럼 받아들여라.
토 달지 말고!

18

Thu Fri Sa

자가 검열을 많이 하다 보면 아이디어가 사라진다.

정체된 상태가 지속된다면 당장 서점으로 달려가보자. 책, 잡지 제목만 봐도 지금 무엇을 요구하는 시대인지 알 수 있을 것이다.

5

무서운 영화보다 인간의 상상력이 더 무섭다.

12 13 14

창조의 원동력은 불만과 부정인데 대부분 비판하지 말라고 한다. 비판 없이 만든 것은 소비자의 비난과 무관심만 낳는다.

19

톱의 가치는 나무를 베는 것이다. 하지만 톱도 활을 만나면 음악이 되듯, 새로운 가치를 부여하는 것이 창조이다.

생각의 끝에
정답이 있는 게
아니라

최초의
생각에
정답이
있다.

생각은
아끼지
말고

쓰고,
나누고,
공유해라.

Sun Mon Tue

지금 잘하는 일을 더 잘하려면 다른 분야를
공부해야 한다. 아이디어나 작업의 개선은
다른 분야에서 힌트를 얻는 것이 빠르다.
과학과 기술은 항상 자연을 모방해서 발전해 왔다.

작은 그림이 없다면 큰 그림을 그릴 수 없다.
하지만 너무 큰 그림은 세상 사람들이 잘
이해하지 못한다.

같은 생각도 어떤 틀을 갖추느냐에
따라 달라진다. 물은 모양이 없지만
틀에 가두어 얼리면 모양을 낼 수 있다.

아무리 좋은 아이디어도 시대를 초월하면 안 된다.
그럴 땐 조금 참아 현실적으로 가까워졌을 때
출시해도 늦지 않다.

콜럼버스의 달걀처럼 완전히 새로운 방식을 생각하지 못한다면 더 빠르게 더 많은 물량을 확보해서 속도전을 치러야 한다. 뛰어나지 못하면 뛰어난 생각을 훔쳐라.

인간은 다른 육식동물에 비해 스펙도 부족하고 연약하지만, 그 모든 것을 지배할 수 있는 것은 사악한 상상력 때문이다. 그것은 같은 인간끼리도 마찬가지다.

# 미친 듯이
# 쏟아내야

그중에
건질거
몇 개
있다.

도구

거지 같은 아이디어를
디자이너가 멋지게 포장한다고
멋있어 보이지도 않고,
설득력도 얻을 수 없다.
AI 써도 질문에 핵심이 없으면
무가치한 것만 나온다.

# 단순하게 이야기하는 것은 복잡한 것을 설명할 때 최고의 선택이다.

도구를 잘 쓰는 것과 도구에
얽매이는 것은 다르다.
'프레젠테이션=파워포인트'라는
생각이 도구에서 제공하는
현란한 기능에만 얽매이게 한다.
상상을 자유롭게 표현하려면
그보다 더 자유로워야 한다.

러프한 그림 한 장으로 해결될
일을 파워포인트로 몇 시간
고생하며 만든다.
사람은 뛰어난 도구를 만들고
빠르게 도구와 시스템에
종속된다.

TASK를 가시적으로, 한눈에 알 수
있게 보여주는 것이 중요하다.

너무 큰 그림은, 작은 부분만 보는
사람들에겐 작게 그려줄 필요도 있다.

'스티브 잡스처럼
프레젠테이션 하기'
배우면 뭐하나?
스티브 잡스도
아니면서.

핵심을 빨리 파악하는 능력이 있어도 먼저 말하는 능력이 없으면 뒷북만 치는 꼴.

앞으로 '가시화' 라는 개념은 업무에서 트렌드가 될 것이다. 보여주는 기술이란 최강의 무기. 고리타분한 문서와 달리 비주얼은 한 방에 개념 탑재가 가능하다.

기술은 인간이 같은 걸 어떻게 다르게 사용하는지 알게 해준다.

스티브 잡스는 생각을 툴로 만들어 가장 효율적이고 직관적으로 정리할 수 있는 법을 보여준 반면 MS는 사람이 틀을 배우고 생각을 틀에 가둔 프레젠테이션을 만들게 한다.

전달하고픈 내용을
모두 화면에 담을 수 없다.
아무리 큰 그릇도
바닷물을 전부 담을 수
없고 훌륭한 연설도
5분 이상이면 지겹다.
핵심과 요점만 말하라!

장소가 커지고 인원수가
늘어날수록 글꼴과 사진은 키우고
메시지는 함축한다.

알면 먹고 모르면 먹힌다. 하지만
오래된 정보는 아무짝에도 쓸모없다.

동일한 방법으로는 같은 분야에서
두 번 성공할 수 없다.

뭐든지 처음이 어렵다.
소규모 모임에서 꾸준히 연습하고
큰 규모라면 반드시 우황청심환
반쪽이라도 먹고 나가라.
플라시보 효과가 나올 것이다.

지식을 전달하는 데 시각적 표현력은
가장 나중에 실현되지만 가장 극적으로
상대방을 설득할 수 있다.

초반에 던진 유머가 먹히는 날은
끝까지 술술 진행된다.

무료 AI로 만든 결과물로는
유료를 쓴 사람을 이길 수 없다.

파워포인트를 잘 쓰는 것은
마이크로소프트 방식에 길들여진
것일 뿐 프레젠테이션을 잘하는 것과는
별개 문제다. 스토리텔링, 유머, 화술,
연출 등 훈련을 통해 나만의 스타일을
찾는 것이 우선이다.

원칙을
만드는 순간
한계도
생긴다.

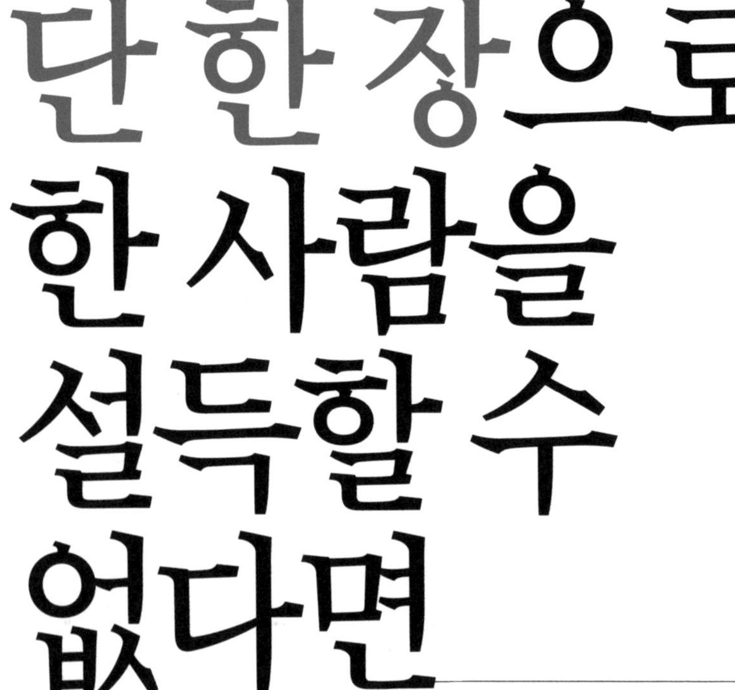
단 한 장으로
한 사람을
설득할 수
없다면

# 100 페이지를 써도 똑같다.

프로젝트 관리 툴이란 윗사람에게 무언가 보여주기 위해서 필요한 것일 뿐. 일하는 데는 그저 방해만 될 뿐이다.

투자자는 만든 사람의 아이디어 하나만으로 투자한다. 1장짜리 제안서든 100장짜리 제안서든 설득력이 없다면 모두 부질없는 것.

생각이 정리되지 않는다면 컴퓨터는 때려치우고 종이와 연필로 낙서하라.

도구는 사람이 만들지만 달인은 도구에 몸을 맞춘다.

보통의 소프트웨어는 불편함을 극복하는 데서 시작되지만 훌륭한 소프트웨어는 사람을 이해하는 데서 시작된다.

핵심을 알고 흉내 내야 내 게 되지, 그냥 따라만 해서는 나만의 것으로 소화할 수 없다.

도구나 기기는 사람마다 호불호가 있다. 나한테 필요한 것이 최고의 도구이고 나는 그걸 잘 쓰면 그만이다.

일

10대, 20대 중반까지 부모님과 사회에서 제공하는 교육을 받고, 30대까지 월급받기 위해 남의 꿈에 동조하는 일을 하며, 40대에 진짜 내 일이 무언지를 찾으려 한다면…? 너무 늦는다.

제안한 사람의 시간을 낭비하지 않도록 거절은 빨리 해야 한다.

NHN, 다음, NC소프트 모두 법적 제재를 받기 전에 설립되었다. 만일 지금의 법 체계로 시작했다면 모두 망했을 것이다.

개선을 통해 좋은 것이 더 좋아질 수 있지만 한계에 부딪친다. 개선의 끝은 혁신이 되어야 한다.

남들이 안 하는 것보다 남들이 주목하지 않는 것을 찾아내야 한다.

하루에 한 개 팔고 그 다음 날 두 개 파는 것은 급성장이고, 하루에 십만 개를 팔고 다음날 십만 천 개를 팔면 지속적 성장이다. 새로 시작하는 분야에서 급성장은 당연한 것이며, 정체가 언제 오느냐가 문제다.

남들은 보지 않는 곳에 분명 새로운 길이 있다. 하지만 평소에는 그 길이 잘 안 보인다. 절실하지 않으니까….

남 앞에서 작아지는 기분을 느꼈다면 모자라는 점을 채우고, 그게 잘 안 된다면 그 사람을 자주 만나라. 그러면 자신이 그 사람보다 나은 점을 찾을 것이다.

구글의 동영상 서비스 유투브는 인수 비용은 꽤 들었지만 시간이 지날수록 비용을 모두 회수할 뿐 아니라 황금알을 낳는다. J 커브 효과는 J와 같이 처음엔 지지부진하다가도 성장곡선이 끝없이 올라가는 것이다.

대부분 자기가 잘하는 일과 좋아하는 일이 다르다. 그래서 좋아하는 일에서 실패하면 잘하는 일로 돌아온다.

대충 했는데 그게 맞으면 어떻게 해서라도 패턴 분석으로 이론을 만들려고 하고 그 이론에 몰입되어 행동에 제한이 생긴다. 투자 이론의 대부분이 그렇다.

# 세상에 없는 일을 시작하는 자에게 스승은 필요 없다. 스승이 없다는 것은 이미 구루의 반열에 오른 것이다.

많은 일을 해야 할 때는 가장 중요한 일부터 해라.
마감 시간이 되면 마감은 어떻게든 하게 되어 있다.

매출 노마드. 떨어지는 매출을 붙잡지 않고
새로운 매출로 상쇄한다.

남에게 입은
은혜는
바로 갚고
복수는
천천히 하자.

# 가슴 뛰는 일도
# 익숙하면
# 무뎌진다.

가장 좋은 장사는 문화장사다.
한번 흐름을 타주면 죽을 때까지 같이 갈 수 있다.

방법론을 배운다고 더 좋은 아이디어가 떠오르진 않지만, 조금은 구체적으로 생각하게 된다. + - × ÷, 생각을 더하고, 빼고, 곱하고, 나누다 보면 새로운 게 나온다.

비겁자가 싸우는 방식은 남에게 미루는 일이다.
내 경험이 아닌 것은 내 업적도 아니다.

빠르게 달리려면 배가 불러서는 안 된다. 일정 궤도에 오른 일은 다른 사람에게 넘기고 가볍게 몰입할 수 있도록 해야 한다.

모든 일을 혼자서 처리할 때 한 부분이 부족하면 수준이 낮아지는 결과가 생긴다. 보다 뛰어난 결과를 생각한다면 협력하라.

계획을 말이나 문서로 만들어서 흔적을 남기지 마라. 걸리면 증거가 된다. 머리는 그러라고 있는 것이다.

# 대부분 가격 대비 성능을 생각할 때 누군가는 최고를 추구한다.

마감을 정하는 순간 일이 시작된다. 대부분 마감 없는 일 때문에 시간을 낭비한다.

바로 매력을 느낄 수 없는 서비스라면 아무도 사용하지 않는다.

스스로 정해 놓은 벽을 깨지 않는 한
그 이상의 성과를 기대하긴 어렵다.

스위스 나이프 같은 사람이 함께 있으면 편하지만
본인은 얼마나 괴로울까? 특출하지 않은 재능이란
오히려 본인만 힘들게 한다.

생각이 뛰어나도 가시화 할 수 있는 기술이 없다면 그냥 없는 거나 마찬가지다. 머릿속에 보물이 있어도 남에게 정확하고 확실하게 이해시키지 못하는 설계도면은 쓰레기일 뿐!

설계를 잘못하면 부실한 건물이 되고, 판매를 생각하지 않은 제품 기획은 창고에 재고만 남긴다. 준비한 만큼 기회가 생긴다.

거의 완벽함을 추구해야지, 완벽함을 추구한다면 퀄리티 때문에 가격을 맞추기 힘들어진다.

고객에게 같은 메시지를 반복하되 기술적인 접근을 통해 다른 느낌을 주는 것이 감성마케팅이다.

# 기가 막힌 아이디어도 인맥과 실천을 위한 제반 사항이 갖춰졌을 때 이룰 수 있다.

비판 받지
않으려는
긍정적인 놈이나
이유 없이
부정적인 놈을
제일 먼저
조져라!

하등에
쓸모없는
인간이다.

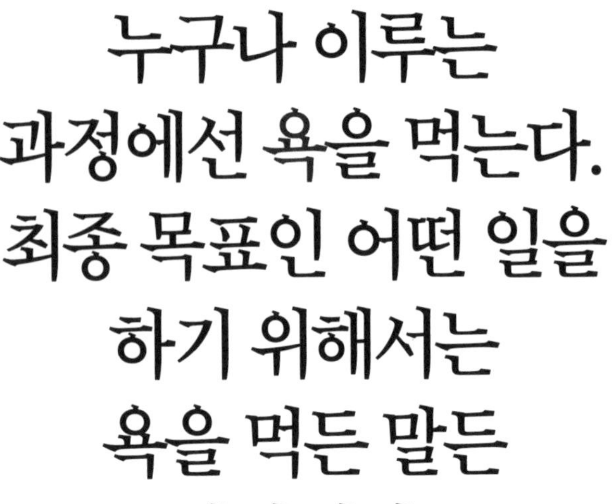
누구나 이루는
과정에선 욕을 먹는다.
최종 목표인 어떤 일을
하기 위해서는
욕을 먹든 말든
상관없다.

싸고 저렴하게 일을 해주길 원하는 것은
그만큼의 리스크를 감당하겠다는 의미다.

아무리 좋은 일도 다른 사람에게도 강제하거나 강요하지 마라.
좋은 일도 구속받고 하면 지옥이 된다.

어떤 일을 할 때는 일 끝난 후 무엇이 남을지 생각하라.
경험인지 경력인지. 이도 저도 아니라면 돈이라도 많이 받아라.

어떤 물건도 생선처럼 생각하고 처음엔 비싸게
나중엔 빨리 처분해야 한다. 그 시점을 선택하는
것도 알아내는 것도 오직 시행착오와 감각이다.

어떤 분야는 숫자를 열심히 본다고 해서 미래를
발견할 수 없다. 특히 스타트 업에는 0에서 계속
성장만이 있다. 엄청난 수익률도 몇 년을 보면 거기서
거기다. 이런저런 것으로 미래의 성장을 예측해도
열정이 없는 사람에게는 투자하지 않는다.

언덕 위까지 굴리기가 어렵지, 구르기 시작한 눈덩이는 점점 커지면서 점점 빨라진다. 성장을 위해 어떻게 할지는 오직 규모에 맞는 생각뿐이다.

업무 효율성을 높이기 위해서는 템플릿이 중요하다. 업무에 자주 사용되는 자신만의 템플릿을 그대로 사용하여 업무를 자동화 하는 것이다. 그것은 엑셀, 워드, DB 무엇이라도 좋다.

업으로 해본 일과 취미로 해본 일의 차이는 마음가짐에서부터 생긴다. 밥줄이 목숨줄이다.

열정 없는 삶은 나이가 젊어도 죽은 삶이다.
마음의 불꽃이 꺼지기 전에 하고 싶은 일을 해야 한다.

# 적당히 어려워서 새롭게 도전할 일이 없으면 지겨워진다.

어려운 것을 해결하는 방법은
다 잘라내고 핵심만 정리하는 것이다.

어제 성과가 나온 방법도 문제점이 있다면
즉각 수정해야 한다. 분명 더 좋은 방법을
매일 발견하고 수정해 나가야 한다.

생각만 해도
소름 돋는 일을
어찌 하지 않을 수
있을까?

# 좋아하고 사랑할 수 있는 일을 찾아라!

오만 가지 생각을 하나의 방법으로 정리한다는 것 자체가 불가하다. 자신만의 정리법을 개발하거나 남의 정리법을 모두 알아두는 것이 좋다.

# 한 시간을 해도 남들과 격차가 나게 더 잘할 수 있는 일을 하자.

원하는 일의 핵심에 접근하지 못하면 피곤해질 뿐이다.

유료 서비스는 아무리 잘 해도 한 가지 실수를 하면 욕을 먹지만 무료 서비스는 실수를 하면 사용자가 방안을 제시한다.

이빨 하나 빠지면 씹는 기능이 5%는 떨어진다. 작아 보이는 흠이란 결국 자신의 능력을 조금씩 떨어뜨린다.

인간의 생산성에는 한계가 있지만 기계에는 한계가 없다. 기계에게 시킬 일을 사람에게 시키고 있지 않나 생각해 보자.

인생에서 일이란, 적금처럼 처음엔 고생스럽지만 날이 갈수록 일에서 자유로워질 수 있어야 한다. 경력이나 경험이 적금처럼 쌓여서 일을 조금 하고도 수익이 늘 수 있도록 샐러리맨이 아니라 비즈니스맨이 되어야 한다.

재화의 가치는 이동한다. 따라서 이동하는 것을 따라 다니지 말고 이동하는 시점보다 먼저 바꿔 놓으면 된다. 재능도 마찬가지다. 같은 일을 하는 사람이 많다면 가치가 떨어진다. 새로운 분야를 찾아라.

전혀 다른 A라는 사업과 B라는 사업을 성공시키는 사람은 사업의 특성을 재빨리 파악, 수정할 수 있는 융통성이 있어서다.

**시나리오 없이 영화를 만들 수 없다. 어떤 일을 하든 상황에 따른 시나리오가 없다면 일에 대해서 좀 더 고민해봐야 한다.**

# 스스로 납득할 수 없는 제품을 가지고 남에게 팔 생각하지 마라.

일이 급해지면 주변을 살펴보는 눈이 저절로 감겨진다.

일이란 때론 된장을 담그는 것과 같다. 겉절이처럼 빨리 할 수 있는 일도 필요하지만, 아이디어나 기술도 때가 되어 시장이 생기고 준비가 되어 있을 때 선도할 수 있다.

작은 곳에서 시작해도 끝까지 가본 사람은 다른 곳에서도 성공할 수 있다는 확신을 가진다. 그러나 같은 일이 아닐 경우 성공은 누구도 보장할 수 없다.

어렵고 힘든 일은

외주로 줘라.

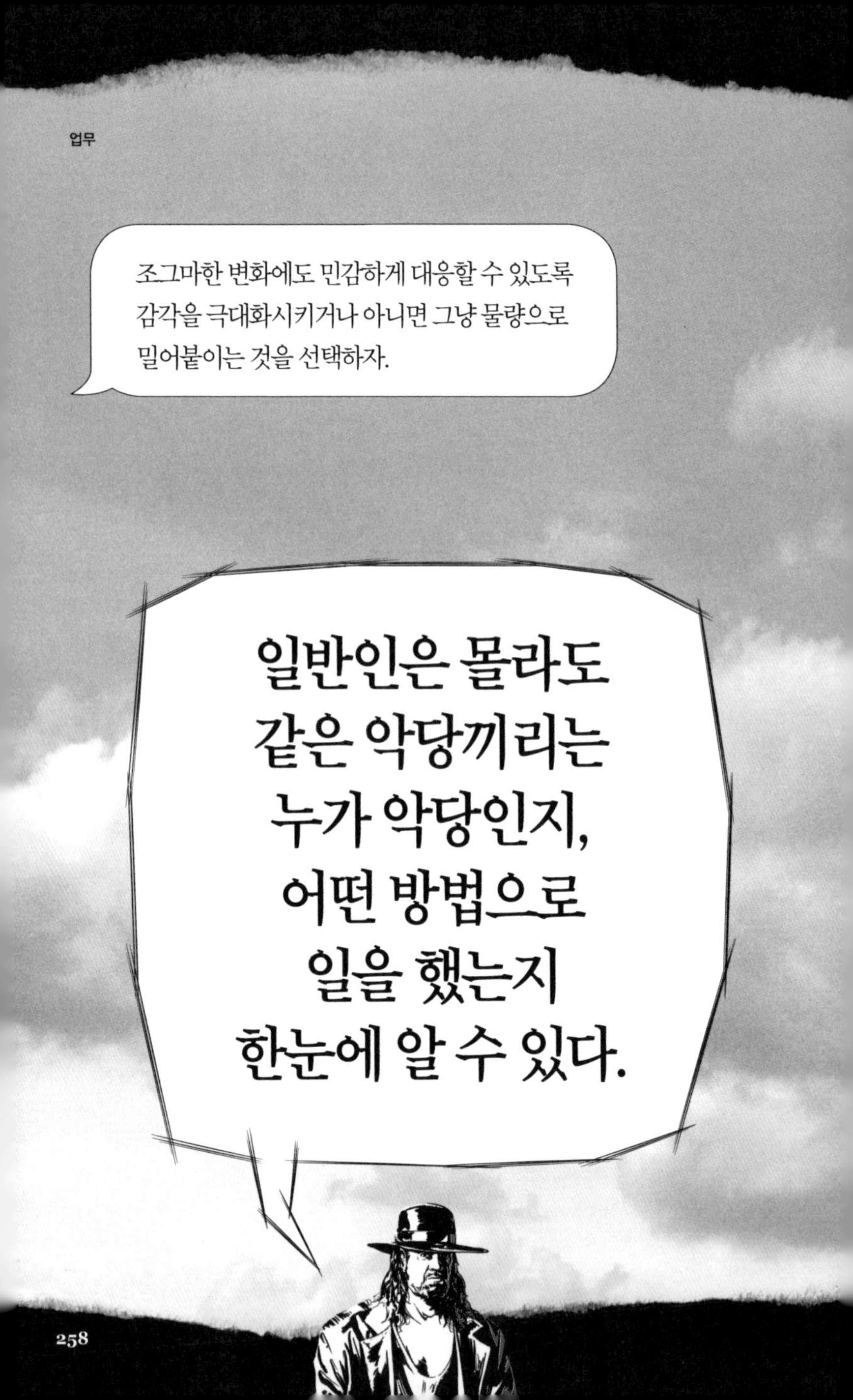

조그마한 변화에도 민감하게 대응할 수 있도록
감각을 극대화시키거나 아니면 그냥 물량으로
밀어붙이는 것을 선택하자.

일반인은 몰라도
같은 악당끼리는
누가 악당인지,
어떤 방법으로
일을 했는지
한눈에 알 수 있다.

최근 1주일의 데이터에만 집중하라. 과거 전체 데이터는 필요 없다. 라이프사이클에 민감한 부분의 가치 변화가 중요하다.

충분히 즐겼으면 다음은 일할 시간이다. 일하는 시간엔 일을 즐겨라.

컴퓨터 한 대로 멀티태스킹을 하는 것은 사람 낭비다. 단순한 작업은 많은 컴퓨터로 빨리 처리하고 사람은 재미있는 생각이나 하자.

태양빛을 모아야 불을 일으킬 수 있고 일도 집중해야 하나씩 해결해나갈 수 있다. 무리하게 벌여놓은 일은 하나씩 해결하지 않으면 아무 것도 이룰 수 없다.

트렌드를 읽기 위해서 모든 걸 다 해볼 필요는 없다. 그냥 하는 사람들에게 조언을 듣고 자신에게 맞는 것만 수용하자.

프로가 되면 돈은 벌지만 벌어들인 액수만큼 자유를 빼앗긴다. 많이 벌면 더 많은 제약이 생긴다.

프로는 약속한 마감 일자에 원하는 퀄리티를 지키는 사람이고 아마추어는 말로 모든 것을 해결한다.

프로는 기한을 지킬 수 없는 일은 의뢰를 거절하고 아마추어는 일단 시작하고 본다.

프로란 결국 어떻게 해서든 클라이언트를 만족시켜 돈을 받아내는 사람이다.

하는 일이 다르면 하는 생각도 달라진다. 일이 사람을 만들 수 없어도 일로 인해 사람의 성향이 바뀔 수는 있다.

# 조급한 성격은 실수를 부르고 신경질적 성격은 충돌을 부른다. 그런데 어떤 사람은 그러한 모든 것을 성공의 요인으로 바꿀 수 있다. 약점보다는 강점이 돋보이게 하라!

# 슈퍼 '읃'의 등장!

# '갑'에게는 그게 그거.

# 칼에는 칼집이 있어서 안전할 수 있지만 칼집 안에 있는 칼은 칼의 본질이 아니다.

한 사람이 할 수 있는 일을 두 사람이 하면 오히려 어려워질 때가 있다. 믿고 맡겨라!

해야 하는 것과 하지 말아야 하는 것은 전혀 다른 프로세스다. 말, 행동, 생각도 마찬가지다. 하지 말아야 할 것을 해야 하는 경우에는 아무도 모르게 하라.

협업에서 서로 배려하는 마음이 있다면 진짜 의견이 게재되지 않은 결과물이 나올 수 있다. 치열하게 의견을 나눌 수 있는 수평적 구조 그리고 빠르게 합의를 도출해낼 시간 제한을 함께 둬야 한다.

# 싼 일 오래 하다보면 감각을 잃는다.

더 큰 비즈니스를 하고 더 훌륭한 일을 했어도
퇴사하고 바닥부터 시작하면 고민하는 것은 똑같다.

물건은 누구나 만들 수 있지만 소비자가 가지고 싶은
물건을 만들 수 있는 업체는 딱 한 곳뿐이다. 마음 속 순위를
바꾸려면 더 좋고 편리하고 멋진 제품을 만들어야 한다.

모든 소비자를
만족시킬 수 없다면
구매한
소비자라도 최대한
만족시켜라.

같은 실수를
하는 놈은
용서하지
마라.

다른
의사표현이거나
아예 멍청한
놈이다!

마케팅

한 번 온 고객을 100번 오게 하는 능력이 있다면 어떤 분야에서든 성공할 수 있다. 다만 고객을 괴롭혀서 방문하게 하는 능력이라면 곤란하다.

나만 알고 있는 방법을 남에게 공개하는 순간 이미 실효성은 사라진다. 마케팅 책이 그렇다.

마케팅은 안 팔리는 걸 팔리게 하는 것이 아니라 팔리는 것을 120% 더 팔리게 하는 것이다.

DM이 없어지지 않고, 문자 스팸이 없어지지 않고, 전화 피싱이 없어지지 않는 이유는 거기 걸린 딱 한 명에게 투여한 재원을 넘게 뽑기 때문이다.

IQ 테스트, 가베*는 지능이 떨어지는 사람을 판별해 교육하기 위한 도구인데 일반인들이 하고 있다. 마케팅의 힘!

가베 gaben(놀이) + begbung(재능, 영재, 선물)이 합쳐진 합성어로 세계 최초의 유치원을 창설한 프뢰벨이 아이들을 위하여 고안하고 창작한 교재 교구의 총칭.

PR은 남이 내 제품을 홍보하게 하는 행위, 마케팅은 내가 직접 홍보하는 행위, 세일즈는 말 그대로 직접 판매하는 행위이다. SNS에 제품을 주고 펼치는 마케팅은, PR과 마케팅이란 이름이 붙은 사기행위에 지나지 않는다.

같은 요리도 마무리가 어떠냐에 따라 달리 보인다. 접시도, 분위기도 요리의 일부분이다.

눈을 빼앗기면 생각을 빼앗기게 된다.
하지만 담긴 것이 무엇이냐에 따라 다시
생각할 수 있는 기회를 얻기도 한다.

단기적인 흐름과 장기적인 흐름을 살펴서, 물줄기를
막아 댐에 저장했다가 크게 터트리는 방법을 쓰기도
하고 골고루 퍼지게 나눠보는 방법도 써봐야 한다.

때론 사이즈만 바꾸어도 많이 팔리고
이익을 더 높일 수 있다.

레이디 가가 같은 사람이 되어라! 가가는 노래 잘 만들고
가사 잘 쓰는 것뿐 아니라 세상을 쥐고 흔드는 쇼를 한다.
온·오프라인 모두 적극적으로 활용해서 나를 알려야 한다.

마약은 처음엔 공짜로 준다. 그리고 중독되어 있을 때 돈을 받는다.
게다가 갈수록 더 많이 받아낼 수 있도록 고객에 맞추어 판매한다.
CRM 역시 사기꾼, 마약상, 큰 기업들이 잘한다.

# 효과적인 광고는 더 많은 사람을 대상으로 노출하는 게 아니라 확실한 타깃에 노출하는 것이다.

생각하는 힘, 협동하는 힘, 표현하는 힘, 퍼트리는 힘 모두 중요하다. 하지만 그 모든 것도 소비자가 원하는 것이 아니라면 소용없다.

광고와 마케팅은 하늘에다 돈 뿌리는 것과 마찬가지다. 효과가 지금 나타날지 아니면 나중에 나타날지 알기가 힘들다. 그래서 사장이 주도적으로 안 하면 아무 것도 안 된다.

# 우매한 대중이 움직여주지 않으면

# 너들도 별수 없다.

마케터들이 좋아하는 것은 숫자 늘이기. 1g보다는 1000mg! 타우린이 1g 들어 있다면 누가 사 마실까? 비타민 500mg은 0.5g, 나머진 다 향이다. 사기꾼들!

21세기에는 알게 모르게 마케팅이라는 이름하에 스스로 노예가 된다.

마케터에게 숫자는 판단을 위한 근거가 된다.
그러나 사람은 허수를 쌓는 경우가 많다.
마이닝을 아무리 해봐도 거짓으로 대답하는
사람에게서 진실된 결과가 나올 수 없다.

## 남들이 생각지도 못한 방법의 대부분은 뭔가 법적인 문제에 걸리는 일이 있기 때문이다.

마케팅과 홍보의 차이점은 돈을 쓰느냐
인맥을 쓰느냐에 따라 다른 것이지만
그보다 더 중요한 핵심은 시간이다.

마케팅에서 브랜딩으로 가는 과정에서는 마이너스가
되어도 결국 플러스가 되는 행동도 해야 한다.
그것이 긴 세월이 지나면 성장의 계기가 된다.

마케팅은 개념과 콘셉트를 차지하는 싸움이다. 개념과 콘셉트를 선점하면 나머지는 쉽다.

마케팅은 관심의 영역 싸움이다. 그 영역에서 벗어나면 다시 끌어들이기가 죽도록 힘들다.

사람의 인생을 생각하다 보면 어떤 문구로 타깃화된 고객을 끌어모을 수 있는지 떠오를 것이다. 그리고 항상 사람에 대한 배려가 필요하다.

매일 바뀌는 숫자를 세는 것은 의미가 없다. 숫자가 시간에 따라 변화하는 의미를 파악하는 것이 더 중요하다. 마케터라면 연계 행동에 의한 수치 변화 감각을 길러라.

고객이 3만 명 있으면 뭘 해도 먹고산다. 하지만 먼저 단 한 사람의 고객을 만들어야 한다.

# 롱테일*은 쓰고 버리는 규모가 되는 시장에서 가능한 것이다. 꼬리에 해당하는 업체들은 죽을 맛이다.

롱테일법칙

'결과물의 80%는 조직의 20%에 의하여 생산된다'라는 파레토법칙과 배치하는 것으로, 80%의 '사소한 다수'가 20%의 '핵심 소수'보다 뛰어난 가치를 창출한다는 이론이다.

# 알고 있다고 생각하는 방법이란

결국 남들이
소리 소문 없이
다 하는
방법이다.

새로운 모양의 와인 병에 와인을 담아도 본질은 같다. 맛이 본질이지만 사람들은 디자인도 산다.

소셜 마케팅?! 말이 좋지! 친구, 가족, 이웃에게 뭐 팔려고 하는 의도를 가진 행위를 현실에선 다단계, 피라미드, 네트워크 마케팅이라 부른다.

마진이 박한 것은 빨리, 많이 팔면 되고 마진이 좋은 것은 판타지를 만들어서 팔아야 한다.

애플이 현명한 것은 최고의 기술력을 최고의 소프트웨어로 만들고 약간의 스펙 다운을 하여 저렴하게 내놓는 점이다. 조금 모자라는 것은 대량 판매를 통해 단가를 낮추고 나중에 추가해도 늦지 않는다. 고객은 더 좋은 것을 기대하기 때문이다.

신뢰의 관계를 쌓는 데 들이는 시간은 오래 걸린다. 그래서 다양한 마케팅 기법을 써서 빨리 신뢰를 쌓은 것처럼 보이게 한다. 여전히 낚이는 사람들이 있고 판매자 스스로도 그 방법에 취한다.

마케팅은 쉬면 티가 난다.

요즘 마케팅에는 DNA(Digital, Network, Alliance) 즉 디지털 재능, 소셜 네트워크, 동맹을 모르면 안 된다. 특히 작은 회사들이나 약자가 살아남으려면 이 세 가지를 겸비해야 한다.

인간처럼 라이프 사이클은 모든 상품이나 서비스에도 통용된다. 사용자, 구매자가 사람이라는 것을 잊어서는 안 된다. 예외적인 사람들도 있지만 보편타당한 제품을 만들면서 다른 방식으로 접근하면 곤란해진다.

작은 시계 하나에도 맞물리는 수많은 부품들이 있는데, 명품이나 5000원짜리나 기능상 중요한 것들은 똑같다. 다만 명품은 구매자에게 구매하고 소유하는 기쁨을 준다.

자기가 좋아하는 걸로 먹고살자면 그 분야에 소그룹을 만들어야 하고 꾸준히 물을 줘야 같이 커갈 수 있다. 파이를 늘려서 쪼개든 뭘 하든 이익이 될 수 있도록 만들어야 한다.

도시 전설 같은 이야기가 끊임없이 확대 재생산되듯 자발적 구전은 50년, 100년을 넘어간다. 하지만 기업이 만든 광고는 확대 재생산을 할 수 없다. 처음부터 의도가 보이기 때문이다.

우리는 제품과 함께 제품의 이미지를 산다. 상품이 만들어지기까지의 이야기 하나로도 관심을 끌 수 있다. 같은 디자인이라면 스토리를 가진 상품에 구매욕이 더 생긴다.

유니크한 제품을 만들 수 없다면 싸게 만드는 방법을 강구하라. 싸게 파는 것이 안 통하는 시장은 없다.

**마케팅과 자서전이 왜 거기서 거기냐면, 실제로 썼던 사악한 마케팅, 담합, 조작, 사기 등의 방법을 공개하지 못하기 때문이다.**

상상 못할
방식으로
**물건**을
판다는 것은

시장에
기득권자들이
가득 있기
때문이다.

지속적인 마케팅을 하다 멈췄을 때 관성에 의해 매출이 올라가는 시기가 있다. 하지만 매출이 하락하거나 정체를 보이면 마케팅 효과를 제대로 검증할 수 있다.

찌라시도 매일 같은 장소에서 뿌려야 받은 사람, 안 받은 사람을 기억할 수 있다. 돌아다니며 뿌리면 기억도 안 나고 지친다.

달리 필요도 없는데 꼭 사게 되는 물건이 정말 잘 기획-설계-디자인된 물건이다.

# 마케팅은 기억에서 잊히지 않게 하는 작업이다. 훌륭한 마케터는 그 기억의 순위를 바꿔 놓는다.

책은 같은 사람이 사지 않는다. 그러니 한 곳에서 마케팅의 재미를 봤다고 그 방법이 다른 곳에서 또 통하지 않는다. 같지만 다르게, 물처럼 마케팅하라.

판매에 대한 기법 없이 상품에 대한 자신감이나 아이디어에 몰입되는 경우가 많다. 시작할 땐 모든 과정에 대한 시뮬레이션뿐 아니라 다양한 시나리오를 준비해야 한다.

홍보를 멈추면 누구도 내 제품을 알아주지 않는다. 늘 새롭게 포장하라.

내가 관심 없으면 세상에 없는 거나 마찬가지다. 아무리 남들이 이야기해도 아무 의미가 없다. 자발적인 관심을 끌기란 세상 무엇보다 어렵다.

새로운 것에
도전하지 않는
마케터는 이미
마 케 터 가
아 니 다.
관리자일 뿐.

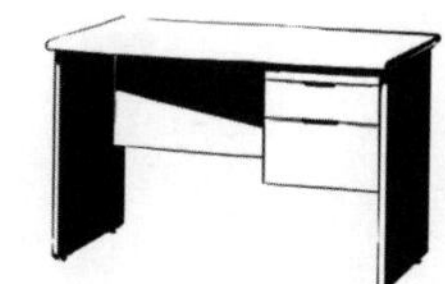

# Chapter4. 현실

현실

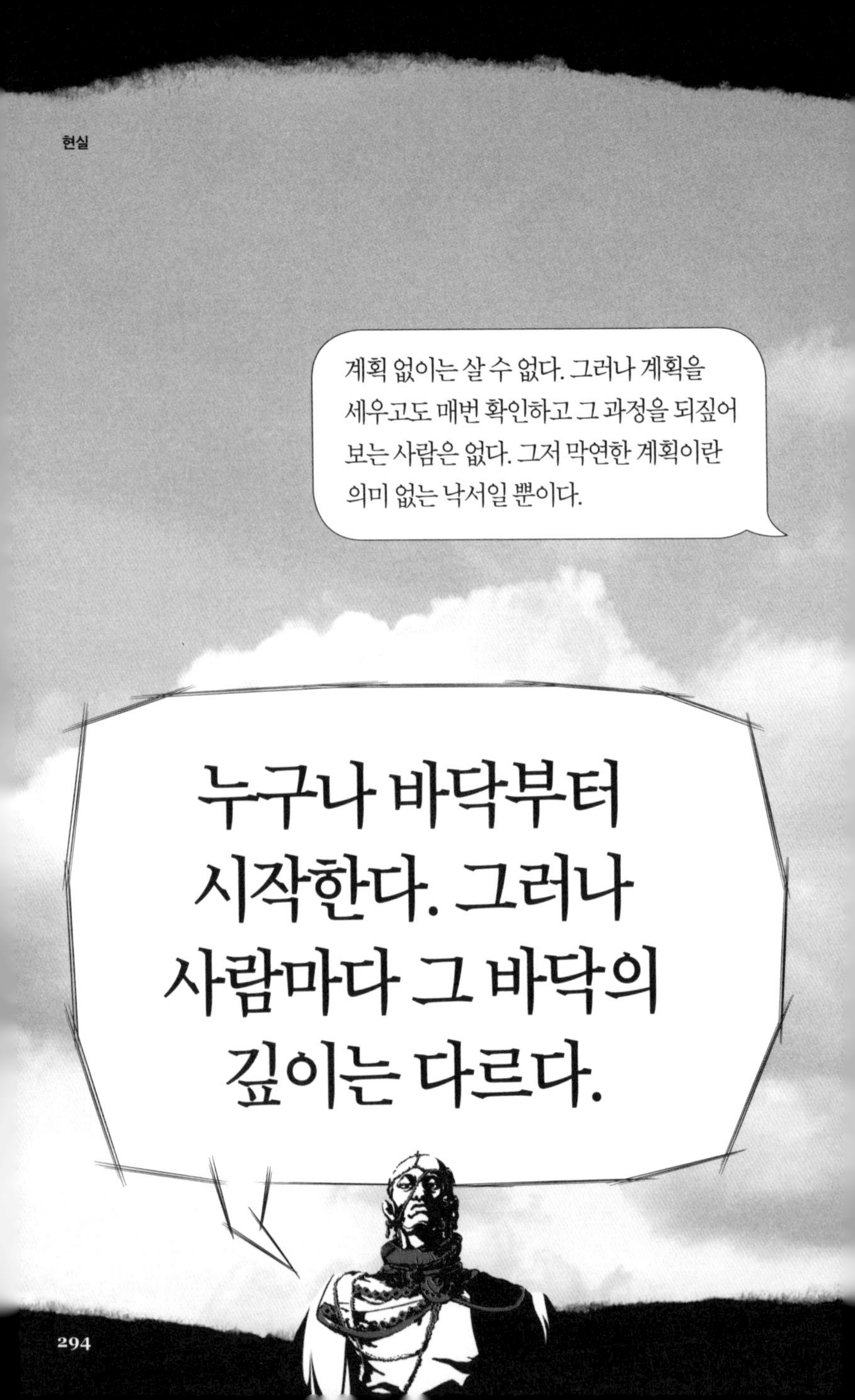

계획 없이는 살 수 없다. 그러나 계획을 세우고도 매번 확인하고 그 과정을 되짚어 보는 사람은 없다. 그저 막연한 계획이란 의미 없는 낙서일 뿐이다.

누구나 바닥부터 시작한다. 그러나 사람마다 그 바닥의 깊이는 다르다.

끝내주는 아이디어가 떠올랐다
하더라도 그것을 실천하기 위해 공장을
만들고 사업을 구상해야 한다면
그 기반작업은 나에게 길고 큰 리스크를
준다. 어떤 아이디어는 인생을 피곤하게
할 수 있다. 그래서 때론 공장이 있는
아빠나 친구가 필요하다.
여친 아빠도.

누구처럼 되고 싶다는 생각은 좋다.
하지만 그와 같은 시대에,
같은 기회를 잡으며 살 수는 없다.

누구나 평등하게 빈손으로 태어나지만,
출발선의 위치는 다르게 그어져 있다는 것을
잊지 말아야 한다.

일개미는 열심히 일하지만 그냥
교체되는 부품이 된다. 배짱이는 한 세월
놀다가 자기가 추구하는 것을 이루고
간다.

# 때로는 조그마한 희망의 불씨 때문에 더 큰 절망을 해야 할 때가 있다.

눈에 띄지 않는 부분부터
썩어들어 간다. 그리고 썩은 곳을
'원래 그랬지.'라고 생각하게 한다.

다이아몬드가 산더미처럼 쌓여
있어도 감정할 능력이 없다면
그저 돌일 뿐이다.

독재는 실패할 가능성이 크지만
일단 성공하면 평생이 보장된다.

연습하지 않고 준비하지 않는다면
기회를 잃을 뿐이다.

무엇이든지 잘하고 싶다면 비법
같은 것은 믿지 말고 연습해야 한다.
실력 없는 놈에겐 운도 없다.

보이는 대로 믿는 것이 아니라 믿는 대로 보이는 것이다.
- 빅브라더는 반대로 만든다.

부모의 노력 없이
아이 스스로 빛날 수 없는 시대.
혼자의 힘으로 똑똑해졌다고
생각하지 말자. 별은 태양 없이
스스로 빛날 수 없다.

아무도 자신이
부품이란 것을
깨닫지 못한다.

# 무참히
# 버려지기
# 전까지.

사람의 세계는 관심과 무관심의
세계로 나뉜다. 아무리 파텍필립 같은
시계를 차고 있어도 시계를 모르는
사람에게는 진가를 발휘할 수 없다.

항상 긍정적이면 어떻게 사리분별을 하고,
위기의 순간에 대처를 하나? 긍정적인
책들 그만 보고 현실을 직시해라.

# 사람은 자기 자신을 망치는 재주를 타고났다.

가젤이 달리고, 사자도 달리고. 약하고 힘없는 놈들은
모두 먹이사슬에서 벗어날 수 없다. 하지만 그곳에서
살아남은 나이 먹은 것들은 열심히 안 달리고 다른 놈
다리 걸어 사자에게 먹잇감을 제공한다.

좋은 사람이라고
느껴지는 건
스쳐 지나갔을 때
이야기다. 평생을
두고보면 결국
좋은 사람이란 없다.

# 지금 일이 힘든 것은

과거에
잘못
선택한
결과다.

# 프로의 세계에서 안 보이는 빙산 아래 따위는 관심 밖이다.

세상을 바꾸는 것이 목적이지 과정 따윈 신경 쓰지 않는다. 결국, 승자가 모든 걸 바꾼다.

세상의 모든 가치는 내가 소화할 수 있을 때 비로소 진가를 발휘한다.

원하는 분야에 관심만 가지면 성공할 수 있다고 생각하는 것은 오만한 생각이다. 겉으로 보이는 것이 전부가 아니며, 밥벌이는 그리 쉽지 않다.

스티브 잡스처럼 행동하고 실천해도 당신은 당신일 뿐….

스펙이 아무리 좋아도
케이스가 후지면 팔리지 않는다.

승리하면 해적도 영웅이 되고,
해적선은 전설이 된다.

# 세상은 Give & Take다. 그래서 Give & Give & Give를 하는 사람이 한 방에 Take를 할 수 있다.

아무리 감추려 해도 본성은 한순간에 나타나며,
늘 보여주기 싫은 사람에게 들킨다.

원인을 알면 본질을 흐리는 대처는 하지 마라.
시간 낭비다.

기계 부품이 싫어서 창업해도 나사가 되는 건 마찬가지다. 부품 수가 많은 로봇일 뿐…

대부분 계단처럼 성장하고자 한다. 하지만 대략 45도로 또는 그 이하로 기울이면 그게 현실이다.

잘생긴 사람은 언제나 유리하지만 못생겨도 지켜볼 기회를 만들면 언젠가는 역전할 수 있다. 다만, 시간이 오래 걸린다. 너무나….
'직원모집 용모단정'

잘하는 일보다 좋아하는 일은 오래 할 수 있다.
하지만 취미로는 성공할 수 없다.

재미있는 것을 하려 하면 그만큼
다른 시간을 빼앗기는 인과율의 법칙.

# 왕에게 에티켓 같은 게 있나?

다 밑에 있는

신하들이나

지키는 거지.

제어할 수 없을 정도의 빠른 속도는 의미가 없다. 직구를 아무리 빨리 던져도 포수의 미트에 들어가지 않으면 그저 기네스북에 등재될 뿐 명예의 전당에 오를 투수는 될 수 없다.

지갑은 중요한 것을 담아둘 수 있는 편한 도구지만 잃어버리면 가장 곤란한 도구다.

책은 작가의 경험이다. 누구도 그와 똑같은 경험은 할 수 없다. 사람이, 시간이, 시대가 다르다. 언제나 답은 나에게 있다.

처음엔 먼저 해본 놈이 전문가 행세를 하지만, 마지막엔 가장 말 잘하는 놈이 전문가가 된다.

법으로 휘두르는 폭력은
주먹보다 잔인하다.

# 세상의 1원칙은 룰이 없다는 것

편견은 얼음장처럼 차가운 금속에
혓바닥을 대는 것이다. 혓바닥이
잘려나가기 전까지는 아무것도 모른다.

판도라의 상자가 열려
인간에게 주어진 가장
큰 시련은, 그 속의
온갖 재앙과 죄악이 아닌
그 끝에 희망이라는
고통이 또 있다는
것이다.

효율을 높이는 것만으로는 벽을 넘을 수 없다.
아무리 빠른 칼질도 방아쇠 당기면 끝.

차곡차곡 무언가를 쌓아야 결과를 낼 수 있지만
어떤 사람은 처음부터 남의 것을 빼앗는다.

공포란 참 간단하다. 가장 좋아하는 것을 절대로
가질 수 없게 한다.

거짓말에 재능이 있는 사람은 소설가가
어울린다. 하지만 그런 재능이 있는 사람이 다른
일을 하니까 세상이 이런 거다.

과거에는 구전으로 아주 오랜 시간이 걸려
이야기가 전 세계에 퍼져 나갔다. 이제는 마음만 먹으면,
아주 짧은 시간 동안 온 세상에 퍼트릴 수 있다.

# 긍정적인
# 바보와
# 부정적인
# 천재 중
# 어떤 사람이
# 성공할까?

# 그냥 재수가 좋은 놈이 성공한다.

과거에는 떠벌리는 사람을 싫어했다.
SNS의 시대에서는 떠벌리는 사람이
큰 힘을 가지고 있다.

## 남의 것을 많이 아는 사람이 아니라,
## 내 것을 많이 퍼트리고
## 표현할 수 있는 사람의 시대.

디지털 시대에서는 보고, 듣고, 쓰고,
버리는 것이 미덕이다. 소유의 개념에서
이용의 개념으로 바뀌어야 한다.

# 식당들이 안 가르쳐주는 양념의 비법은 대부분 가르쳐주면 식당 문을 닫게 하는 화학약품들이지. 양념에 비법 같은 건 없다. 알려주기 힘든 것뿐.

지금 무엇을 하든 결과는 한참 뒤에
나오거나 아예 나오지 않는 경우가 많다.

어떤 음식이든 접시나 데커레이션으로
시각적인 효과를 줄 수 있지만,
맛은 먹어봐야 알 수 있다. 사진을 잘 찍는
요리 블로거가 그 맛을 장담할 수 있을까?

상식이 있는 사람들의 곤란한 점은 자신과 다른 행동을 비난한다는 것이다. 곧 몰래 따라 할 거면서….

소비자 최대의 권력 남용.
조심하라, 나쁜 입소문은 오래간다.

어느 시대나 깐깐한 소비자는 있다. 그러나 시간과 장소에 구애받지 않고, 실시간으로 온라인에 불만을 표출하는 노매드족이 있는 이 시대야말로 물건 팔기 힘든 시대다.

실패자에게 냉혹한 사회도 성공한 자에겐 비굴하다.

숫자는 정확하고 치밀하다.
그건 사람이 개입하기 전까지 이야기다.

AI를 돈주고 쓸 인간은 1%에 불과하다.

스마트폰 아니라 뭐가 있어도
공부 안 할 사람은 안 한다.

시작부터 쉽게 할 수 있는 사람과 시작부터
고난의 연속인 사람이 있다. 후자의 강연과
책이 더 잘 팔린다. 사람들이 좋아하는 것은
스토리와 드라마다.

어떤 시대가 가는 게 아니라 그게 그냥 기본이 된 것이다.
IT가 기업에 공기 같은 존재가 된 것이지 사라진 것은 아니고,
감성의 시대가 오는 것이 아니라 그게 더 중요하게 보일 뿐이다.
다 표면적으로 보이게 하고 싶은 말장난.

# 넘버원이 되고 온리원이 되어 봤자 '을'은 결국

'을'같이
살게 된다.

악의를 가져봐야 능력이 없으면 괴롭힐 수 없다.

억울해하지 마라.
먹이사슬에 이유 따위는 없다.

자유로운 생각을 하기 위해서는 자유로운 시간이 필요하다. 그러나 지금의 자녀교육은 물 잔에 물이 넘치는데도 물을 붓는 것 같다.

한 면만 보는 놈들은 정말 짜증 난다. 그리고 그것만이 진실인 양 이야기하는 사람의 장단에 놀아나는 바보들이 넘친다.

곤경에 처하면
나약하거나 사악해진다.

다르고 틀리고
따지기 전에
일이나 마무리해봐, 빨리.

이런 식이
갑을병정 사이다.

# 틈새는 늘 있다.
# 하지만
# 그것을 뚫는다고
# 기회가 생기거나
# 꼭 성공하는 것은
# 아니다.

분석하기 좋아해도 자신의 실상을 명확히
알고 있는 이는 드물다.

있는 사람이 없는 사람의
마음으로 없는 사람을 위로하면
분노만 살 뿐이다.

자신이 정의롭고 자신이 옳고 자신이
다 맞는다고 생각하겠지만, 그건
다른 사람의 이야기를 듣고 있지 않기 때문이다.

완벽이라는
생각이 사람을
망친다.

적의 적도
결국
그냥
적일 뿐

# 자신의 약점을 모르는 자는 2인자에만 머물고, 자신의 강점을 모르는 자는 아예 아무것도 못한다.

인간은 시스템을 설계하고 사용하면서 시스템에 맞춰 행동하게 된다. 그것이 도덕이고 법이고 관념이고 상식이 되는 것이다.

먹고사는 일 대부분은 누군가의 노예로 사는 일이다. 세상 누구도 자유롭지 못하다.

쓰레기를 소유하고 싶은 사람은 없다.
그런데 사고 나면 대부분 쓰레기가 된다.

사람들은 휴대전화가 나온 이후 성격이 급해졌고, 스마트폰이 나온 이후 전화 본연의 기능을 잊어버렸다.

어른의 말은 항상 옳다. 하지만 어른에게 반항하는 사람들이 세상을 바꿨다. 주류란 원래 비주류에 의해 뒤집히는 것이다.

구전을 통해 얻은 지혜는 지식을 뛰어넘는다.

대부분 애니메이션이나 스타워즈 같은 영화에서 악의 제국 병사들은 모두 얼굴을 가리고 나온다. 이유는 그리기가 쉽고 제작비를 절감할 수 있기 때문이다. 게다가 그냥 죽을 놈인데 이름은 알아서 뭐 하나. 설계자가 되자.

명검을
얻었어도
내가 임자가
아니라면,
명검의 주인을
찾아주고
그의 주인이
되어야 한다.

경쟁

추종자도 먹고는 산다. 다른 누구보다 먼저 하는 것이 중요하다.

2등이었을 때는 1등만 보면 된다. 그러나 1등은 3등, 4등, 5등 다 봐야 한다. 어떤 놈이 튀어 오를지 모르기 때문이다. 비슷비슷한 상황에서는 1등이 제일 힘들다. 동메달의 행복도가 가장 높은 것처럼.

Winner Takes It All 정도면 다행이다. 일어날 희망마저 빼앗긴다면 노예로 살게 된다.

열정처럼 막연한 것 대신 복수처럼 확실한 마음을 갖자.

가질 수 없는 장난감은 망가뜨려라.

같은 시간, 같은 공간에 있는 사람과도
호흡만 같이 할 뿐 다른 생각으로 가득 차게
되는 일이 있다. 경쟁이란 그런 것이다.

경쟁에서 멈추면 저 멀리로 뒤처진다.
다시 따라 잡으려면 죽도록 노력하거나
새로운 말에 올라타야 한다.

경쟁자가 없는 환경에서는 좋은지 나쁜지도 모른다.
그래서 독점이 무서운 것이다.

남들이 돈을 벌고 있는 걸 확인한 다음에 시작해도 늦지 않는다. 어차피 헐값에 사거나 망하게 하는 방법을 알고 있으니까.

남의 것을 빼앗으려면 내가 빼앗으려고 하는지 모르게 해야 하고, 뭘 하고 있는지 최대한 모르게 해야 한다.

남의 방식에는 분명히 약점이 있다. 그 약점을 찾아서 틈새를 파고들어라.

# 진정한 친구가 없는 자에게는 진정한 적도 없다.

# 후발 주자로 뛰어들면 제일 똑똑한 놈이 이기는 게 아니라 제일 사악한 놈이 이긴다.

남의 표정과 감정의 변화를 읽을 수 있는
상대에게는 가끔 정반대로 행동해 줘야 한다.

무슨 죄를 지어서 잡아먹히는 게 아니다.
그냥 먹이 피라미드 안에 있어서 그럴 뿐.
뭔가를 주면 반드시 받는다.
적게 주고 많이 받는 게 이쪽 사회의 원칙이다.

# 80억분의

# 1로 태어났으면서

겨우 경쟁
몇 번 하는 것이
싫어

# 도망치지 마!

비장의 무기는 아무 때나 꺼내는 게 아니다.

누구나 열심히 하면 잘 산다는 이야기는 남들이 놀고 있어줘야 가능한 것이다.

도전자의 입장이 편하다. 어떻게든 이길 생각만 하면 된다. 하지만 지킬 게 많으면 생각도 많아지고 행동이 느려진다.

마음에 드는 것을 소유하기 위해 미친 듯 방법을 강구하고 실천하며 노력한다. 그게 남의 것일수록 의지는 불타오른다.

바뀌는 게 두려운 것이 아니고
내가 주도하지 못할까봐 조바심난다.

복수초는 추위를 뚫고 맨 처음 나온다. 조심하자.
복수는 어려움을 뚫고 온다.

자신의 약점이 될 선언 같은 건 하지 마라. 나를 바보로 만들 놈들이 수없이 많다.

비슷한 디자인, 비슷한 상품이어도 어떤 사람은 경쟁에서 이긴다. 어떤 제품을 어떻게 알리고 팔 수 있을지 그리고 누구를 만나야 할지를 생각한 사람과 그냥 만든 사람과의 차이이다.

매력적인
악역이 있어야
스토리가 산다.
조커 없는 배트맨은
그냥 사이코패스잖아.

기득권자에게 고맙다고 생각하는 것은 이전의 방식대로 안주하고 있기 때문이다. 변화는 항상 주변에서 일어난다. 태풍의 눈 속에서는 오히려 잠잠하다.

삼성은 MS랑 비슷하다.
남이 해놓은 것을 따라해 결국 물량으로 1위를 한다.
그게 늦건 빠르건 중요치 않다.
몰아서 순식간에 올린다는 것!
창조적이진 않지만 많이 판다.

수많은 살리에르를 위해 모차르트는 일찍 죽어줬다.

시나리오 없이 행동하면 상대방의 행동에 따른 전략을 수정할 수 없다.

# 2등 에겐

# 1등이 악당이다!

싸움을 하기로 마음먹었다면 모든 것을 던져라.
지킬 게 있으면 약해진다.

아래에서 위로 올라가는 것도 기분 좋지만
위에서 아래를 밟는 것만큼 짜릿하진 않다.

약자들은 남이 하는 것만 따라 해서 실패하는 것이다.

알려진 적은 적이 아니다.

아무도 가지 못한 길에 먼저 발 디딜 때
제일 먼저 생각해야 하는 것은 두 번째로
따라 올 놈이 발붙이지 못하게 만드는 것이다.

# 남이 만들어놓은 규칙으로 싸워서 승리할 수 없다. 규칙은 내가 만들어야 한다.

약자가 강자를 이기려면 강자가 퇴근하거나 쉬는 시간에도 활동해야 한다.
가끔 모든 것을 초월하는 존재가 있다.
그럴 땐 그냥 친해지자. 경쟁하지 말고.

약자가 강자를 이기는 방법은 강자라서 안 하거나 못하는 방법을 공략하는 것이다.

장기판에서 왕이 졸하고 처음부터 붙나?

약점이 뭔지 안다면 강점을 파고들고 강점이 뭔지 안다면 끝까지 강점만 알아가야 한다. 약점을 보완하려다 보면 강점이 약해진다.

경쟁자가
지치고 힘들 때
확실히 어려운 길로
가게 한다.

# 법의 테두리를 벗어나지 않는 비양심적인 방법도 일종의 전술이다. 그리고 나만 그런 것이 아니다.

어떤 분야건 1등은 단 한 번의 실수를 용납하지 못한다. 1등의 자리를 흔들게 되는 결정이 되기 때문이다. 반면 도전자는 실수를 통해 학습해 가면서 1위가 결정적 실수를 하게 흔들기를 해야 한다. 스스로 무너지면 저절로 순위 바꿈이 일어난다.

재능이 없다고 생각할 때는 스스로 만족하지 않았거나 너무 뛰어난 재능을 가진 사람을 만났을 때뿐이다.

저쪽에서 시스템을 바꾸면 플랜 B는 바로 작동된다.

나의 진가는
너의 적이
됐을 때
발휘된다.

훌륭한 적은
훌륭한 나를
만든다.

적과 면전에서 대면했을 때 조준하고 쏘는 놈은 거의 없다.
일단 쏘고 보지.

적이 뭐하고 있는지 궁금해 하지 않는다면
내가 뭘 하고 있는지 알 수 없다.

적이 알든 말든 상관없다.
내가 그들의 적이라는 것은 내 마음속에만 있으면 된다.
괜히 유리창에 타도! 어쩌고 붙이지 말고.

절대 이기지 못할 것 같은 상대도 반드시 약점을 가지고 있다.
그 약점을 어떻게 흔드느냐가 중요하다.

전투에 이길 것이냐, 전쟁에 이길 것이냐 선택해야 한다면
당연히 전쟁이다. 그러나 대부분 전투에만 몰두한다.

제일 먼저 생각해냈다고 경쟁력을 가질 수 없다.
고객에게 수많은 아이디어로 경쟁자보다 좀 더
새로운 가치를 줄 수 있어야 한다.

# 내가 너보다 똑똑하다고 생각한 적 없지만 니가 나보다 똑똑하다고 인정한 적도 없다.

# 대부분 핵심을 공격당하면 어쩔 줄 모른다.

친구는 나와 함께해 주지만 적은 나를 한 단계 앞으로 나가게 한다.

죽지 않으면 끝이나 패배가 아니다. 살아 있다면 기회는 반드시 있다.

호랑이는 다른 호랑이 영역에 들어가지 않는다.
죽일 각오가 아니라면.

확실한 롤 모델이 있어야 한다.
그 모델이 바로 적이다.

챔피언이 되기 위해서는 강점을 최대한 활용해야 하지만 챔피언을 지키기 위해서는 드러난 나의 약점을 이용해야 한다.

이기는 데 관심 없는 사람은 없다.
남은 이기면서도 스스로를 이기지 못하는 것을 분하게 여기지 않는 것이 문제지.

**똑똑한 애들은 보통 상대방의 약점을 찾아내서 공략한다. 하지만 사악한 애들은 장점을 무력하게 만들어서 좌절시킨다. 다신 못 일어나게.**

# 내가 가진 영역에 들어오면

전쟁이다.

원치 않아도 라이벌은 생긴다. 만약 라이벌이 없다면
성장하지 않고 있다는 뜻이다.

어리석은 놈은 남을 탓하고 똑똑한
놈은 남이 손가락질한다.

공멸하는 전략과 상생하는 전략이 있다면
먼저 상생을 하다가 우리가 불리할 때 공멸한다.

어떤 일들은 조용히 처리해야 한다.
큰 소리로 떠들면 적들이 깨어난다.

개도 자기 영역에
남이 들어오는 걸 싫어한다.

# 멋진 적이 필요하다. 최소한 나한테는 지는…

관포지교란 건 불가능하다.

# 승리면 승리지,

## 아름다운 승리 더러운 승리

그런 거 없다.

돈

Sun Mon Tue

# 2~30대에 돈에 대한 조언을 받을 수 있는 친구들은 정말 행복한 이들이다.

20대에는 정말 어마어마하게 벌어봤다. 그리고 미친 듯이 써봤다. 그래서 돈이 사람을 얼마나 망가뜨릴 수 있는지도 배웠다.

Thu Fri Sa

게으른 사람이 세상을 바꾸는 아이디어를 낸다. 하지만 돈은 그 사람의 아이디어를 알아주는 사람이 번다.

5 7

과다한 이윤은 오히려 독을 부른다.

관심 없는 일을 더 잘 할 수는 없다. 싫어도 해야 한다면 받을 돈이나 생각하자.

12

19 20 21

늘 어제를 기준으로 내일을 예측해 봐야, 어제 물건 산 사람이 단골이 되어 물건 사지 않으면 다 소용 없는 일일 뿐이다. 손익분기점 같은 건 다 팔았을 때 이야기다. 상인은 신용을 팔고 손해도 팔아야 하며 이익은 꾸준함에서 온다.

Sun Mon Tue

돈이 사람을 변화시킬 수는 없지만
한 순간에 망가뜨릴 수는 있다.

맥도날드는 부동산으로 돈 벌고 스타벅스도
부동산으로 돈 번다. 햄버거와 커피는 본질이 아니다!

무슨 경험이 있기에 세미나며 강의를
할까? 책에서 본 경험은 해본 경험하고
다른데도 입으로 전문가가 너무 많다.
진짜 전문가는 근질거려도 잘 이야기하지
않는다. 그게 모두 돈이기 때문이다.

## 돈 앞에 겸손하지 않은 사람은 처음 그런 일이 생겼거나 꿈이 작은 사람이다.

복수를 하더라도 돈은 좀 벌 수 있는 방향으로 하자.

Thu Fri

# 내가 이기는 게 당연하지만 져주는 것이 돈이 된다면 져줘야지. 소년이 세상에 찌들어 어른이 되는 게 아니라 본성을 발현할 기회가 더 많아지는 거다.

돈은 스쳐지나가고 업적은 나에게 남는다.

돈이 나를 사랑하게 해야지, 내가 돈을 사랑하게 되면 돈 이외의 모든 것을 빼앗기게 된다.

돈으로
해결하면
되는 일을

# 왜 무릎 꿇고 난리 치나?

Sun Mon Tue

빚이 10억 있으면 반드시 3년 내에 10억 이상을 갚을 수 있다.
하지만 그냥 10억 벌라고 하면 못 번다. 궁즉통(窮則通)!

사람이 무서운 건 돈이나 명예 같은 것에 있어
창피함을 모르기 때문이다.

논리고 뭐고
중요하지 않다.
지금 내가 하려는
일에는 내 이익이
달려 있다.

Thu Fri Sa

먼저 한 놈이 가장 주목 받는다.
하지만 돈은 더 잘 파는 놈이 번다.

우리가 하고 있는 일의 대부분은 돈을
쓰레기로 만드는 일이다.

5 6

일을 하기 전에 돈 이야기를 마무리 하지 않고
일부터 하면, 일하고 나서 돈 받기 힘들어진다.

12 13 14

# 돈 없으면 인간이 아니게 된다.

자본의 논리란 돈이 돈을 버는 것인데, 돈이 돈을 버는
것은 이자뿐이다. 그 이자도 사람이 준다. 결국 사람이
돈을 벌게 해주는데 왜 사람을 돈보다 못하게 대우하나?

19 20 21

자유와 돈을 바꿨으면 악착같이 벌어라.

Sun Mon Tue

# 돈은 사람의 본질에 가까운 모든 것을 보여준다. 그래서 희극이 되기도 비극이 되기도 한다.

회사에서도 돈은 물처럼 흐르는데, 유속에 따라 어떤 곳은 빠르게 돈이 사라지며 어떤 곳은 천천히 돌게 된다.

인생을 게임이라고 해도 막상 동전 없으면 다시 게임에 참여할 수 없다.

d Thu Fri Sa

# 오늘의 명언
# "Show me the Money!"
by 제리 맥과이어

5 6 7

12 14

존경하는 인물은 벤저민 프랭클린,
국내에서는 신사임당,
일본은 후쿠자와 유키치!
액면가 낮으면 일단 제외된다.

19

절대 실망시키지 않는 친구는
당신이 '권력이나 돈이 있을 때까지'라는
유효기간이 있다.

돈은
개념일 뿐이다.

그래서 나는

# 개념 충만하다!

사장

과거에 창업이란 나라를 세우는 일이었지만, 현재는 사업밖에 없다. 나라를 세우는 일과 다를 바 없는 창업에 있어 사람이 전부, 결국 사람이 제일 어렵다.

좋아하지 않는 일을 사업으로 할 수는 있어도 좋아하지 않는 일로 성공할 수는 없다.

꿈을 다른 사람에게 이야기하고 배수진을 쳐라.
창업에서 중요한 것은 내가 돌아갈 곳이 없게
만드는 것이다. All In!!

꿈을 이루기 위해선 현재의 환경에서 최대한 끌어낼 수 있는
모든 것을 다 동원해야 한다. 사업에 참여한 주변 사람들의
생활 보장을 못 해준다면 위대한 꿈도 그저 모래성에 불과하다.

대부분 직접 책을 내는 CEO는 회사를 떠날 때가
되었거나 이미 그만 둔 상태일 때다. 바쁜데 그런 짓
하고 있으면 나 같아도 짤라 버린다.

경제경영 책과는 달리 당신은 훌륭한 직원도,
훌륭한 파트너도, 꿈같은 사업기회도 얻을 수 없다.
이미 그들이 같은 방법으로 써먹었기 때문이다.
행운의 여신은 같은 방법으로는 잡을 수 없다.

내 재능을 알아봐주는 유통업자가 없다면
스스로 제작과 유통업을 하는 것이 최선이다.
같은 길을 걸을 것이라면!

똑똑한 부하 직원을 두고 싶다면 더 많은 돈을 줘야 하고, 동료를 두고 싶다면 인간적으로 대해 줘야 한다. 그렇게 해도 사람은 내 마음과 같지 않다는 것을 잊지 말아야 한다.

리트머스의 스펙트럼처럼 즉각 반응되는 결과가 나와야 한다. 보고서를 1년 단위로 받는 게 아니기 때문에 사장이 브랜딩에 신경 쓰지 않으면 단기 보고를 위한 이벤트만 생겨난다.

사업에 작은 가능성이 있다면 그 끈을 놓치지 말아야 한다. 그 가능성을 키우는 것은 내가 아니라 내가 아는 사람들의 힘일 것이다.

## 물건 그대로 파는 건 장사꾼이고, 사업가는 판타지를 판다.

# 사업에 맞춰 직원을 뽑기보다는 직원에 맞춰 사업을 하라.

따라쟁이가 성공한 것을 본적이 있는가? 사업을 한다면 시장을 만든 사람과 시장에서 물건 파는 사람의 차이가 어디에 있는지 알아야 한다.

때로 잘못된 일은 새로운 사업을 시작하는 데 힌트를 준다. 늘 그렇다는 이야기는 아니지만.

S급
천재 직원을
모셔서
일을 시키건
똥을 치우게
하건

그건
내 마음
이지.

사업은 고객이 예측 가능하게 움직여야 한다.
작은 식당을 하더라도 항상 같은 시간에 가게
문을 열고 닫아야 한다.

사업을 할 때는 어리석어 보이는 일도 가끔
해야 한다. 눈에 보이지 않는 원칙을 지키지
않는다면 남과의 약속을 지킬 수 없다.

같은 시장이라도 보는 각도에 따라 새로운 결과를 창출할 수 있다.
그래서 즉각적이고 다양한 실험이 필요하다.

사업하는 사람들은 실패해도 새로운 사업을 고민한다.
뇌의 변연계에는 배팅이나 도박을 하면 활성화되는 부분이
있는데, 그 부분이 활성화되면 엔도르핀이 분비된다. 결국
그런 쾌감 때문에 끝없이 도전할 수밖에 없다.

사업은 작은 도박에서 시작해서 운명을
건 도박으로 넘어가는 것.

브레인스토밍은 윗사람이 미리 생각해 놓은 아이디어를 아랫사람에게 동의를 구하는 절차에 불과하다. 결정은 결정권자가 한다.

때로는 계약서에서 승리하고 현실에서 거지가 되는 경우가 있다.

# 사업은 운으로 하는 것은 아니지만 운도 중요하다. 그런데 그냥 생기는 운은 없다.

고객이 추구하는 것 이상의 감동을 줄 수는 있지만, 너무 많은 비용을 투자하지는 말아야 한다. 딱 고객이 만족할 만큼의 제품을 만드는 것이 중요하다.

남을 부리기 위해 사장을 한다는 생각은 버려라. 24시간 내내 허드렛일을 많이, 오래할 생각이 없다면 사장으로 살아남기 힘들다.

남을 염두에 두고 사업을 하지 말라. 스스로 매출을 일으킬 수 있는 구조를 먼저 만들어라.

남의 슬픔을 이용해 장사하지 않듯
남의 기쁨을 이용해 장사하지 마라.

떠들고 화를 내는 고객들은 그나마 애정이 있기 때문이다. 조용한 고객들은 다시 돌아오지 않는다.

남이 상상하지 못하는 일을 시작하면 창업이 되고
그걸 남이 따라 하기 시작하면 사업이 된다.

매출이 있는 곳에 관심이 있고,
관심이 있는 곳에 매출이 생긴다.

매출은 마약 같아서 갈수록 양을 늘리고 싶어진다.
설령 이익은 줄더라도.

그렇게
똑똑한데
왜 내 밑에서
일해?

돈 많이
벌어서
똑똑한 놈들
부려라.
정주영처럼.

실수했을 때 숨기기보다는 먼저 공식 사과를 해야 한다. 거짓이 들통 나면 진실을 밝힌 것보다 더 많은 피해가 생긴다.

모든 방법을 다 알고 있어도 그 때 쓸 수 있는 방법은 한 가지뿐이다. 그걸 적절히 선택할 수 있는 사람이 훌륭한 경영자다.

부담가지 않게 그리고 기분 좋게 단 한 사람의 고객을 감동시킬 수 있는 재능이 필요하다. 직원에 대해서도 마찬가지다.

사람은 실수를 할 수 있지만 실수에 대한 예측도 필요하다.

번지점프는
하기 전이 가장 무섭다.
하지만 막상 떨어지고 나면
정신없이 진행된다.
창업은 번지점프대에서
다리를 묶었는지
안 묶었는지도 모르고
떨어지는 것과 같다.

사업은 외줄 위를 자전거를 타고 가는 것이다. 속도가 느리면 비틀거리다 떨어지고 너무 빠르면 중심 잡을 타이밍을 놓친다. 자전거에 올라탄 순간 페달을 밟고 멈추지 말아야 한다.

거절당하는 만큼 내 사업이 될 확률이 높다. 애플과 구글도 거절에서 시작되었다. 기존 사업자가 납득하는 사업이면 시작하지 말자.

좋은 아이디어로 다른 회사와 함께 윈-윈 할 생각하지 마라. 구글도 다른 회사가 검색기술특허를 사주기 바랐지만 결국 몇 년 뒤 스스로 다 했다.

사장은 월급날이 지나면 여유가 있고 다시 중순쯤 되면 마음이 급해진다.

사장이 자꾸 물어보는 것은 몰라서가 아니라 기억하기 싫어서다.

사장처럼 일하라. 그러면 사장이 그 꿈을 이뤄줄 것이다.

사업상 빚을 지더라도 빚 갚을 날보다 더 빨리 자금을 회전시킬 수 있느냐를 생각해야 한다. 몰입비용이 크면 빚은 기하급수로 늘어난다.

고민 없이
살고 싶어서 창업하면
세상 모든 고민
짊어지게 된다.
잘 돼도 고민,
안 돼도 고민.

창피하고
더럽고
힘든 일을
직원에게
시킨다면,

직원에게 창업의 기회를 주는 것과 같다.

# 내가 하고픈 일을 남에게 시키면 나는 남이 못하는 일을 해줘야 한다. 그래서 사업을 시작하면 대부분을 잘 모르는 일을 열심히 하게 된다.

아웃소싱은 내부 인원이 없거나 전혀 모르는 일일 때 한다. 처음엔 비싸게 들지만 관리하면서 배우면 나중엔 협상을 통해서 비용을 줄일 수 있다.

월급쟁이는 30일을 살고 일용직은 하루를 산다. 사장은 매 순간 매출에 죽고 산다.

월 말에 사장과 자주 마주치지 마라,
당신의 월급을 계산하게 된다.

재미있는 회사는 재미있는 일을 하는 게 아니라,
구성원 개개인에게 맞는 일이 맡겨진 곳이다.

정답은 나에게만 있다는 생각은 버려야 한다.
더 훌륭한 답을 내 답에 섞는 짓도 하지 말고
부하를 칭찬해 줘라. 그리고 권한을 위임해라.

지금 그만둔다고 포기하는 것은 아니다.
때를 기다리는 것도 사업이다.

업무에서 직원 간에 생기는 충돌은 대부분
잘 하려고 하는데 안 되는 경우이거나,
회사가 너무 실적에 연연하기 때문이다.

창업은 아무 것도 아니다. 그저 티켓을 끊었을 뿐! 창업 후 1년은 지옥행 급행열차에 앉아 있게 된다. 그런데 이후에도 열차 타는 데에 익숙해지지 않는다.

담합이 걸리면 나부터 살고 본다.

## 땅에는 길이 있고 바다에도 해도가 있지만, 창업자에게 다른 사람이 쓴 책은 그저 참고에 그쳐야 한다. 사람이 다르고, 기회가 다르고, 재능이 다르고, 가야 하는 방향이 다르기 때문이다.

직원이 재능이 많으면 퇴근시간이 늦어지고,
사장이 재능이 많으면 직원들이 골치 아프다.

창업을 하는 사람들에게는 남과 비교되는, 또는 절대 우위에 있는 무언가가 필요하다. 그것은 스킬이 아니라 사업에 대한 관점과 열정 그리고 지속적인 성장 비전이다.

창업을 하기 전에 작은 회사 사장이 무엇을 하는지 지켜보라. 큰 회사 사장이 뭐 하는지는 봐봤자 먼 미래의 일일 뿐이다.

어차피
사장할 거라면
바로 하는 게
최선이다.

# 사장이
# 왜 부하되는
# 연습을
# 해야 하나?

한국에서는 아이디어로 창업하지 마라. 남의 아이디어를 인정해 주지 않는 곳이다. 창업하더라도 아이디어에 수고스러움이 있는 것을 만들어라. 그래야 성공 가능성이 높아진다.

한국은 현재의 사장과 미래의 사장이 공존하는 세상이다. 그러니 창업 컨설팅이 최고의 Job이 될 듯!

헤비급 챔피언이 초등학생과 싸우면 이기는 것이 당연하지만, 초등학생이 총을 가지고 있다면 이야기가 달라진다. 작은 회사에는 확실한 무기가 필요하다.

협상의 기본이란 서로의 이익을 위해 하는 것이 아니라 내가 계약상 작은 손해를 보더라도 반드시 큰 이익을 얻을 수 있게 만드는 것이다.

창업이란 부족해도 해야 할 시기가 돼서 하는 것이다. 때가 되면 하는 것이지, 환경이 완벽해서 하는 사람은 별로 없다.

몇십 년 전통 있는 집이라도 한 번 맛없으면 안 간다. 고객은 비좁고 줄을 서더라도 맛있으니 찾는 것이다.

# 사업의 본질은 이익이다. 다양한 사람을 적으로 만들어도 소비자나 기업에 이득이 되면 과감히 실행하는 것이다.

동업할 때는 머리가 하나에 손발이 많아야 한다.
머리가 많고 손발이 적으면 어디로 나아갈지 알 수 없다.

사장이 전부 다 알려고 하면 모두가 피곤하고,
사장이 너무 모르면 직원들이 피곤하다.

업계 사람들과 자주 술자리를 하는 이유는 술을
마시면서 경쟁자의 비밀을 듣게 되기 때문이다.

잘 만드는 것만큼 중요한 것은 잘 파는 것이다. 제품을 만들기로 했다면 어떻게 판매되어 소비자까지 도달할 수 있는지 필름 스트립처럼 죽 나와야 한다.

평생직장이란 것은 직원을 위한 말이 아니다.

친구가 아니면 적이라는 프레임부터 지워버리면 일 부리기 쉽다.

생활을 고민하는 부하에게는
충성을 요구하기에 앞서 먼저 생활을 해결해 줘라.
고민이 많은 부하는 충성을 행하기 힘들다.

성과를 내지 못하는 사업을 붙잡고 있는 것은
재능 없는 아이에게 기술을 연마시키는 것과 같다.
재능 있는 사람을 불러오거나 과감히 포기하라.

매출이
인격이고
매출이
모든 것을
결정한다.

사람 좋아봐야 월급 많이 못 주면 소용없다.

어떤 사람은 100만 원으로도 창업하지만 어떤 사람은 10억을 들고도 불안해서 창업을 못한다. 창업은 절실함과 신념이 있어야 가능하다.

경쟁 PT나 제안서가 실패하는 이유는 내부에서 OK하는 놈들 때문이다. 클라이언트처럼 생각하는 마인드 부족!

수다가 비즈니스에 도움이 된다는 것은 미용실이나 고객접대가 가능한 서비스업에서만 가능한 것이 아니다. 기업도 수다를 떨어야 하고, 수다를 통해 기업의 이미지를 바꿀 수 있도록 기본안을 설계해야 한다.

스포츠에서 한 번 챔피언은 영원한 챔피언으로 기억되지만 사업에서는 마지막까지 계속 성공해야만 한다. 조직, 자금, 인력, 위기 그 모든 것에서 승리해야 기억된다. 단 한 번의 실수는 실패를 부를 가능성이 높다.

'그냥 내가 하면 돼!'라는 건 사업을 하면서 해서는 안 될 생각이다. 딱 보여줄 수 있는 만큼만 만들고 더 잘하는 사람을 찾는 게 일이다.

아무리 애써 가르치고 노력해도 안 되는 녀석에게 회사가 계속 기회를 주면 회사는 더 큰 것을 잃을 수 있다. 무능력한 직원을 내쳐야 할 때엔 회사가 더 손해 보기 전에 과감히 빨리 내쳐라.

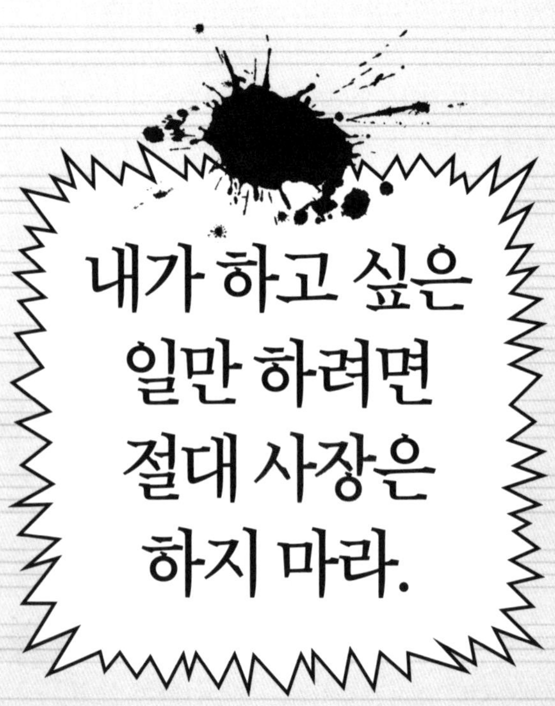


어떤 사업을 하든 자기 분야의 잡지 한두 권은 정기구독 하라. 제일 빠른 것은 인터넷이지만 검증된 것은 잡지다. 만일 잡지가 없는 분야라면 스스로 창간하라. 정보의 흐름을 보면 돈이 보인다.

어떤 직종이라도 열심히 일하는 사람은 성공한다는 신념을 심어주는 것이 필요하다. 악당이라고 뭐 별다를까 생각하겠지만, 열심히 일하는 사람을 효율적으로 빼먹으려면 칭찬도, 모토도, 사람들을 움직이는 감동까지도 만들어줄 수 있어야 한다.

사업에서는 지켜야 할 원칙을 세워야 하고
그 원칙은 절대 포기하면 안 된다.
그 가치를 버리는 순간 사업은 흔들린다.

요구르트를 만들려면 우유에 요구르트를 부어주면 된다. 그럼 약 10배를 더 많이 만들 수 있지만 기다려야 한다. 사업도 신뢰도 모두 기다릴 줄 알아야 커진다.

운동을 하면 전두연합령이 활성화된다. 즉, 머리가 좋아지고 업무 효율이 높아진다. 직원을 열심히 운동시켜라.

월 매출이 100억이라고 해도 다음 달부터는 0원부터 시작한다.

매출과
순이익은
다르다.
그래서

# 현금받고 어음준다.

# 숫자의 척도는 기준점이 달라서, 사장에게는 100부터 시작해서 (-)로 까고 사원에게는 0부터 시작해서 (+)로 올라간다.

인터넷에서 창업 정보를 쉽게 얻어도 선배만큼 좋은 교과서는 없다. 창업 1년 정도 되는 사람을 만나고 전화로 물어볼 수 있는 시스템을 만들어라. 단, 너무 오래된 사람은 오히려 도움이 안 된다.

작은 이익을 얻기 위해 천 리 길도 마다하지 않는 사람에게 효율을 논하지 말자. 신용은 저효율일수록 빨리 쌓인다.

잘 되는 집에는 손님이 줄을 서지만 안 되는 집은 새로운 메뉴로 도배된다. 이익은 많다고 나는 것이 아니라 하나라도 잘 할 때 난다.

장사가 망해갈 때 하는 행동을 시작할 때 한다면 분명히 잘 된다.

이기는 방법은 항상 확률 게임으로 몰아가야 하며
이기지 못할 게임엔 참여하지 않는다.
도박 사업을 해야지 도박을 하고 있어서는 안 된다.

사장은 부하 직원의 이야기를 듣고 자기 맘대로 하다가 비싼 컨설팅 비용을 내고 나서야 부하 직원이 한 이야기를 실행한다.

외부 업자에게는 최대한 잘해줘야 한다.
그래야 내부 인원이 더 투입되는 일이 안 생긴다.
시간을 지불하는 일에서는 더 효율적으로 일을
처리해야 한다. 비싼 연봉 주고 싼 일 시키지 말자.

월급 받으려는 직원에겐
월급만 주면 되고 비전을
나누려는 직원에게는
전부 다 줄 각오로
채용해야 한다.

창업 전에 가지고 있던 인맥은 모두 다니던 회사의 후광효과다. 창업을 하면 그 인맥들이 모두 등을 돌린다.

자신의 일에 의구심이 들 때가 있다. 1년 할 거면 1년 치만 고민하고, 10년 또는 평생 할 거면 닥치고 그냥 하는 거다.

창업은 법이 미흡하고 아직 그런 상세한 부분까지 신경 쓰지 않고 있을 때 시작하는 것이다.

창업을 결심한 순간 사람들이 달리 보일 것이다. 그리고 월급날이 온 순간 직원들이 달리 보일 것이다.

처음엔 같은 모양의 호미지만 오랜 세월이 지나면 스스로 모양이 변모한다. 사람도 쓰기 나름이다.

# 꿈도 비전도 제시하지 못하면

# 그냥 월급이나 많이 줘라.

# 직원의 작은 실수에는 화내고 평생 잊지 않으면서 자기가 망쳐먹은 일은 금방 잊는다.

누구에게나 하루는 24시간으로 공평하지만 고용인에게는 수많은 사람의 시간을 사용할 수 있는 권리가 있다.

회사는 두 종류의 파트로 구분되어 있어야 한다. 지금 돈 버는 파트 그리고 앞으로 돈 벌 파트.

# 싸우지 않고 이기는 법, 다 같이 잘사는 법을 담합이라고 부른다.

한번 온 손님을 영원한 손님으로 만들기 위해 노력하지만, 단 한 번의 실수에도 손님은 다시 찾지 않는다. 창업할 때는 손님의 눈높이를 맞출 수 있는 작은 가게가 오히려 유리하다.

회사가 커지면
어려울 때를 함께한
직원을 서서히 정리한다.
새로 들어오는 직원들에게
좋은 사장, 바람직한
운영 방침, 훌륭한 회사로
믿게 하기 위해서.

창업에 대한 이야기를
엄마한테 설명해서
납득할 만한 일이라면
당장 해도 된다. 최소한
엄마가 밥은 줄 테니까.

창고에 물건 쌓여 있어서 좋아하는 사람은 창고 주인밖에 없다.

늙은 사자는 하이에나의 사냥감이 되기도 한다. 자연계에 절대 강자란 없다. 사업에서는 늘 새로운 생각과 실천만이 회사를 새롭게 한다.

책에 나오는 큰 회사 운영 방법으로는 작은 회사를 경영할 수 없다. 뭐가 있어야 경영을 해보든 관리를 해보든 소통을 해보든 하지….

같은 시간을 쓰는데 누구는 컨설팅 비용을 받고 누구는 자기 전화 요금만 나간다. 친하다고 다 받아주지 마.

어디서 들은 건 있어서

# 에자일

이란다.

혼자서
무슨…….

# Chapter5. 인생

인간관계

# 가족을 대하듯 남에게 막 대하면 큰일난다.

어정쩡한 태도를 보이는 것은 그냥 싫다는 뜻이다.
그렇게 이해하고 살아가자. 시간 아깝다.

가족, 친구, 명예, 사랑, 재산 모두 떠나버려야 소중한 것을 안다.
있을 땐 잡고 있었다는 것조차 모르는 게 사람이다.

같은 사람이 같은 단어를 이야기해도 그 사람에게는 다른 의미를 가진다. 특히 친구라든지 동료라든지 모든 사람에게 같은 레벨의 단어를 사용하지 않는다.

개인적인 부탁을 업무로 만난 사람에게 한다. 이럴 경우 대부분 '을'에게 한다.

그런 시기가 있다.
누군가가 손 잡아주면 정말 잘 할 수 있는 시기.
그런 시기에 서로 손 잡아주면 금세 일어난다.

꿈을 꾸는 사람은 많지만 남이 꿈을 실현하는 것을 도와주고 빼앗는 자도 많다.

나의 친구를 보고 나를 평가할 수 없다. 지금은 내가 우선인 시대.

남에게 이득이 되면서 나에게도 이득이 되는 관계는 더 없이 좋은 관계이다. 하지만 나도 남도 피해를 보게 하는 관계는 빨리 끊어라.

남에게 인정받고 싶다면 남을 먼저 인정해라.

내 편은 내 등 뒤를 지켜주지만, 나를 지키는 사람 또한 적이 되지 않도록 약점을 잡아둬야 한다.

어떤 일이건 누군가의 기억에 남는 일을 해라.

내가 왕이라는 것을 알리기 위해 왕관을 쓰고 난 왕이라고 외쳐도 남들이 바보 취급하면 바보인 거다.

내가 진짜로 어려워하는 사람이 동료고 친구다.
존경할 수 없는 사람이 동료나 친구가 될 순 없다.

# 쓸 데 없는 데서 적을 만들면 중요한 일에서 걸림돌이 생긴다.

내가

뚝뚝

하다고

남이
명청한 건
아니다.

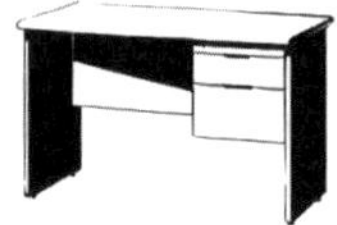

# 그 사람에 대해서 진짜 알고 싶다면 같이 일을 해보라.

똑똑한 사람을 이용하기란 쉽다.
똑똑해서 손해 보지 않으니 돈만 줘버리면
노예로도 부릴 수 있다.
그렇게 해서 부하로 삼을 수 있지만
동료는 될 수 없다. 똑똑하니까.

링크의 시대가 도래한 것으로 생각하지만 여전히 인맥, 혈연, 학연이 존재한다. 이용할 수 있는 것은 이용하자. 시간을 절약할 수 있다.

마음속의 잣대로 이미 모든 것을 평가하고 있으면서 공정한 척 하지 말자. 사람은 공평하게 같은 기준으로 볼 수 없다. 그냥 싫은 사람도 있을 수 있으니까.

**나를 우습게 여기는 사람이 있다면 내 행동을 돌이켜봐야 한다.**
**그런데 그냥 싫어하는 놈은 만나지 마라.**
**시간 낭비다.**

마음의 우물은 사람에 따라 깨끗한 물을 주기도 하고 물을 주지 않기도 한다. 혹은 더러운 물을 주기도 한다. 퍼 올리는 사람이 어떤 사람이냐에 따라 다르다는 것을 사람들은 잘 모른다.

보통은 세상 살면서 적을 만들지 않는 게 기본이지만
나란 사람은 어째 적이 저절로 생긴다.
나 말고는 다 적이니까.

모든 걸 다 알긴 힘들지만 각각 알고 있는 사람들의 충고를 받아 재구성하면 답이 나온다. 이제 지식은 사람을 중심으로 +−×÷ 할 수 있다.

바보가 실수하면 용서하지만 혼자 똑똑한 줄 아는 사람이 실수하면 고소해 한다.

주도권과
서열을 읽는
능력이 없으면
가장 낮은 데
앉게 된다.

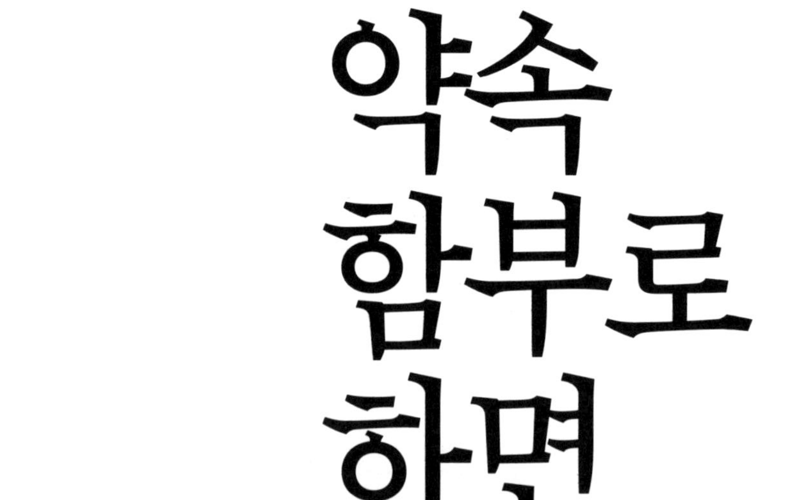
약속
함부로
하면

신용만
잃지.

# 두 사람은 서로 돕지만 세 사람은 서로 견제한다. 홀수가 되면 바로 정치가 시작된다.

사람은 왜 물고기처럼 360도를 보지 못할까? 이유는 눈이 앞에 달려서다. 내 등 뒤에서 지원해 줄 친구가 많다면 더 많은 것을 볼 수 있다.

빙산의 일각만 봐도 빙산이 다 보인다. 제발 친구라는 이름으로 사람 이용하지 마라.

사람의 바닥을 보는 것만큼 고통스러운 것도 없다.

사람의 단점은 앞에 보이고 장점은 뒤에 보인다. 단점 때문에 장점을 보지 못하는 우를 범하지 마라.

선을 그은 대상에게는 잔인하지만 선 안에 있는 사람에게는 평온하다. 난 선을 긋는 사람이다.

술 취해 쌓은 우정은 술이 깨면 사라진다.

실수를 인정할 줄 모르고 머리 숙일 줄 모르는 자에겐 친구도 뭣도 없다. 때론 없는 게 편하지만 그래도 한두 명 정도는 있는 게 좋지.

가만히 앉아서 일이 되는 경우는 거의 없다. 술 한 잔 더 마시고, 밥 한 번 더 먹은 사람들끼리 일 이야기가 나올 수밖에 없다. 그래서 안의 조직과 밖의 조직이 필요하다. 사람은 혼자서도 큰 성과는 낼 수는 있지만 큰 성공을 이루긴 힘들다.

# 똥에 왜 파리가 꼬이고
# 꽃에 왜 벌이 꼬이겠어.
# 나를 알려면
# 내 주위를 살펴보자.

나의 미래를 내가 쓰지 않으면 남이쓰게 된다.

성공에 가려진 본성은 언젠가 드러나기 마련이고, 약점을 가리는 것은 도움이 되지 않는다. 늘 드러내라. 난 원래 이런 놈이라는 것을 인식시키면 쉽게 무너지지 않는다.

믿지 않는 사람에게 일을 시키려면 철저하게 감시해라. 모르는 분야의 일이라면 시킨 사람보다 더 잘 아는 사람이 감시해야 한다.

모두가 행복할 수 없다. 그래서 욕먹는 것도 각오해야 한다.

좋은 동료가
없다고 말하지 마라.
동료도 같은 말을
하고 있을지
모른다.

# 연락 없는
# 오랜 벗은

# 가깝게 일하는 동료만 못하다.

부탁도
하는 사람이
힘이 있으면
강요가 되고
힘이 없으면
무시당한다.

어떤 사람은 교류로 소통하고 어떤 사람은 직류로 소통한다. 힘이 커지고 전파력이 높아지려면 교류를 직류로 컨버팅해 줘야 한다. 그러나 중간에서 변압기가 될 사람들이 없다면 오해와 불신만 쌓일 뿐이다.

먼저 밥이나 술을 사면 상대에게 빚이 생기고 원하는 일의 단계로 진행되기 쉽다.

외모만 보고 그 사람의 속을 안다고 생각하지 마라. 우리는 모두 연두부처럼 생긴 마음을 가지고 있다. 약간만 잘못 건드려도 부서진다.

위상이란 남이 높여주는 것이지 내가 높이는 것이 아니다.

이유 없이 누군가를 싫어하게 되는 일은 없으며, 시간이 지나면 원인은 기억나지 않고 싫은 기억만 남는다.

인간은 100개의 얼굴을 가지고 있어서 만나는 사람에게 각기 다른 얼굴을 보인다. 인간은 하나의 얼굴로 있는 동안만 정직할 뿐이다.

인간은 알 수가 없다. 그래서 인간에 대한 책들이 끊임없이 나오는 중이다.

인간은 이해관계가 얽히기 전까지는 본심을 알 수 없다.

자기가 모르는 일을 남에게 맡겼으면 믿든가, 아예 시키지 말든가.

**진정한 관계란 절망할 때 함께 하는 것이지 기쁠 때 좋아하는 것이 아니다.**

한 번
반짝일 수는 있지만
영원히 빛나기는
힘들다. 강한 조명을
비춰줄 누군가가
필요하다.

그렇게도 사람이
중요하고 인간의
가치를 부르짖지만

마음속에선
순위를 세고
있잖아.

# 상처 주는 사람에게는 배울 것이 있지만 지켜보는 자에겐 아무 것도 배울 게 없다.

자신의 의중을 잘 전달하려면 지식을 구체화하는 방법뿐 아니라 유머와 위트가 필요하다. 이해의 시작은 같은 공감대를 형성하는 게 먼저다.

자신의 장점을 생각하고 또 생각하라! 제휴하라! 끌어모아라! 그리고 만들어내라! 도움을 받을 수 있는 사람이 있다면 목숨 걸고 도와달라고 매달려라. 절실함이 한 단계 위로 올라가는 방법이다.

처음에 딱 들었을 때 거짓 같은 이야기도 주변 사람들이 모두 같은 이야기를 하면 흔들린다. 인간에게 진실은 연결된 사람들의 여론에 의해 좌우된다.

친구는 오래될수록 좋고, 같은 일로 연결되지 않을수록 좋다.

하고자 하는 일은 많은데 정리가 안 되는 사람은 주변을 불편하게 한다.

무서운 것도 사람에서 오고
즐거움 또한 사람에서 온다.

사람들은 내가 알고 있는 나와 남이 봐줬으면 하는 나, 두 가지 마음을 가지고 있다. 그래서 설문조사가 결과가 항상 엉망이다.

## 슈퍼 허브가 될 수 없다면 슈퍼 허브의 진정한 친구가 돼라.

보고 싶은 것만 볼 수 있는 것이 인간이다.
그리고 보여주고 싶은 것만 보여주는 게 인간이다.

# 영리한 사람은 상처받지 않게 행동하며 적을 만들지 않는다. 대신 진정한 친구도 없다.

남에게 이래라 저래라 하면서 정작 자신은 남이 뭐라고 하면 바로 성질낸다. 그게 인간이고 인간적이라고 한다. 인간은 원래 그런 거다.

"나 그런 사람
아니야"라고
하는 사람들의
대부분은

이미 그런 사람이다.

기록

기록하지 않으면 후세에 무엇을 전할 수 있을까?
피라미드, 진시황제, 알렉산더 대왕,
네로 황제도 전해지지 못했을 것이다.

남에게 빚지고
태어나서 남이 정해준
이름으로 살고
남이 묻어준다.
스스로 남긴 기록이
없다면 결국 나는
어디에도 없다.

기록이란 나를 위한 것이 아니라,
남을 위한 것이다. 그래서 모든
정황을 정확히 알려줘야 한다.

기록 포맷이 같을 필요는 없다. 어떤 사람은
녹음, 어떤 사람은 영상, 어떤 사람은 글이
편하다. 그걸 얼마나 빠르게 검색하고
편리하게 찾아낼 수 있는지가 더 중요하다.

오래전 새로운 이론이나 철학, 종교가 전파돼온 과정을 보면, 수천 년 걸려 전 세계에 퍼져갔다. 지금은 잘못 쓴 글, 오타 하나도 전 세계에 퍼져 나가고 즉각 구글에 기록된다.

죽는 게 두렵지 않다면 살아
있음을 두려워하라. 잊히는
것이 두렵다면 기록하라.

책을 쓰는 것은 말을 하는 것과 달리 상대에 대해 정확한 판단을 해야 한다. 독자와 교감할 수 없는 책은 널리 퍼지지도 알려지지도 않는다.

패자의 기록은 야사가 되고,
승자의 기록은 역사가 된다.

헤라클레스도 보는 견해를 달리하면 해적, 도둑, 강도, 연쇄살인마다. 이야기는 만드는 게 중요하다. 어차피 후대가 내가 뭘 했는지 어떻게 알겠어. 돌에다 새겨야지.

인류가 글을 왜 만들었을까? 구전으로는 도저히 그 많은 뜻과 느낌을 전할 수 없다. 그리고 기록으로 남김으로 그 지식을 후대와 공유하는 것. 아마 인류가 멸망하기 전까지 종이와 글은 절대 사라지지 않을 것이다.

내가 말한 원칙을
그대로 되받아치는 적은
수없이 많다.
쓸데없는 말이나 기록은
남기지 말아야.

기록

으로
남기지
않는 것은

기억

에도
남지
않는다.

글만 모아놨다고 책이 되는 것이 아니라,
책을 만들기 위해 쓴 글이 책이 된다.

기억은 시간이 가면서 미화되어 진실과 다른 환상으로 남게 된다. 따라서 기억은 외장에 보관해야 한다. 가급적 자주 백업해 놓자.

몰라도 상관없는 건 머릿속에 쏙쏙 들어오고
꼭 필요한 것들은 기억에 안 남는다.

지혜의 잔이 차고
넘친다고 남이 저절로
알아주진 않는다.
글이나 그림 혹은
말로 기록하자.
결과 없는 성찰은 없다.

사람은 시간 앞에
먼지 같은 존재다.
그래서 사람은 생각을
기록으로 남긴다.
그리고 그 중 선택된
것만이 수천 년을
살아남는다.

메모하는 것은
좋은 습관이지만
그걸 정리하지
못하면 아무
소용없는 습관이다.

## 메모의 법칙

- 갈겨쓰는 사람은 자신도 뭔 말인지 모른다.
- 건망증이 생겨 메모하기 시작했지만 결국 메모한 것조차 잊어버린다.
- 디지털 기기로 하는 메모가 종이에 메모하는 것보다 시간이 더 걸린다.
- 메모는 유언처럼 잘 정리해 둬야 한다. 누구나 한 번에 알아볼 수 없다면 쓰레기 더미에서 보물 찾는 것처럼 시간 낭비를 해야 한다.
- 정작 중요한 메모는 집에다 놓고 온다.
- 종이에 적고, 종이가 어디 있는지 잊어버린다.
- 중요한 메모를 해야 할 땐 펜이 없거나 종이가 없다.
- 인간은 기억력에 한계가 있는 게 아니라 관심에 한계가 있다. 그래서 인간은 리코더를 발명하고 배터리를 미완성으로 남겼다.
- 뇌에서 기억하지 못하는 일은 그다지 중요한 일이 아니다.
- 아무거나 다 적으면 결국 알아보지 못하고 찾기만 어려워진다.
- 관심이 가지 않는 일은 포스트잇을 붙이고, 아무리 메모를 해도 소용없다.

우리는
모든 것을
기억할 수
없어서
기록한다. 하 . 지 . 만 .

정리되지
않은
기록은
엉켜 있는
테이프와
같다.

인생

인생을 살펴보면 내 의지로 무언가 한 게 별로 없다.
30대 이후에도 그런 인생을 살고 싶은가?

1급수에서
살 수 있는 물고기는
많지 않다. 하지만
썩은 물에서는
물고기가 살 수 없다.

알파벳 'X'는 크로스 되는 시점부터 반대로 작동한다. 이익을 높이기 위해서는 무언가가 희생되어야 한다. 인생의 중요한 모든 것이 다 그렇다. 시간은 한정되어 있고 사람들은 대부분 그 사실을 잊고 있다.

강가에 있는 조약돌도 수만 년 세월을 견뎌 현재의 모양이 된 것이다. 지나온 세월의 흔적이란 것은, 처음 만난 사람에게는 원래 그런 사람인 줄로 여겨지게도 한다. 그래서 세월 따라 주변 사람이 변하는 것이다.

꿈을 꾸면 그것을 세밀화, 구체화해서 일, 월, 1년, 10년 단위로 그려봐야 한다. 인생을 계획 없이 허둥대는 것은 지도 없이 모험을 떠나는 것과 같다.

꿈을 이루기에 늦은 나이는 없지만 열정 없는 젊은이를 보는 것처럼 곤혹스러운 일도 없다.

나이 많은 사람의 할 일은 지혜를 나누는 일이다.
지식은 차고 넘치지만 지혜와 경험을 가진 사람은 많지 않다.

다 채운 사람은 과거를 생각하는 일이 많고 덜 채운 사람은 미래만을 생각한다. 때론 버려야 새로운 것을 채운다.

달콤한 것이 좋은 나이에는 인생의 쓴 맛이 오지 않았고, 인생의 쓴맛을 맛보면서 씀바귀도 오래 씹으면 단맛이 난다는 것을 알게 된다.

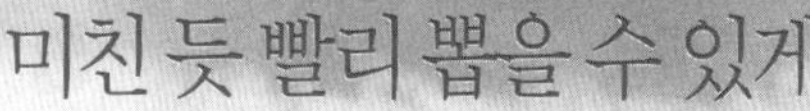

좋아하는 일을 해야 질을 높일 수 있다.
좋아하는 일만 해도 짧은 인생!

# 산이 높으면 그만큼 골도 깊은데 계속 산 정상에 있을 수 있으리라 생각하지 마라. 그게 골로 가는 길이다.

꿈꾼 것이 이루어질 때 쯤 다시 새로운 꿈이 다가온다.

꿈의 크기가 다르면 행동하는 방식이 다르고, 소인들은 큰 꿈을 보고 비웃는다. 인생은 계획한 대로만 되지 않지만 꿈의 크기대로는 이루어져간다.

누구나
흔들리고
누구나
불안하다

# 안 그런
# 척할 뿐

바닥에서 올라오는 것은 쉽다. 그런데
바닥이 어디인지를 모른다면 곤란하다.

살면서 상처받지도
상처주지도 않는 것은
불가능하다. 새차의
잔 흠집처럼 처음엔
마음 아프다가 점점
단련되는 것일 뿐!

밖에선 악마라도 일 끝나고 집에 가면
좋은 아빠, 좋은 남편이 되려고 할 것이다.
우리랑 다를 바 없는 인생.

사소한 실수가 인생을 어긋나게도 하지만
남을 즐겁게 할 수도 있다.

성공은 복합적이라 무엇 하나가 중요하다고
말하기 힘들다. 작은 성공은 실력과 노력이
필요하지만 큰 성공은 운이 중요하다.
기회가 없으면 큰 성공을 이끌어낼 수 없다.

세상 모든 것은 레고블록처럼
딱딱 맞아 떨어지지 않는다.
접착제가 필요한 이유다.

성공의 조건은 단순함에 있지만, 그게 사용자나 수요자의
결과로서 단순함이지 과정상의 단순함은 아니다.

수많은 과정을 통해 현재의 내가 있다. 그러니 죽기 전까지는 모두 과정을 통과하고 있는 중이다.

기계는 기름칠하면 잘 돌아간다. 인간은 즐거움이 없으면 동작하지 않는다.

행동해서 후회하는 일은 거의 없고 생각만 해서 후회하는 일은 대부분이다.

이 세상은 그냥 이루어지는 것이 없고, 꿈이 이루어지면 반드시 인과율의 법칙이 작용한다. 얻은 게 있다면 잃는 것이 생기는 것이다.

인간에게 죽음이라는 한계가 없었다면 얼마나 교만하게 세상을 망가트렸을까. 다행히 한계가 오기 전에 위대한 업적을 이루었던 선조들에게 늘 감사한다.

성공을 이끄는 뇌는
실패를 빨리 닫고
같은 실수를 두 번 하지
않는 데 있다.
좋은 실수를 하면
인생에 도움이 되지만
같은 실수를 하면
인생을 낭비하게 된다.

# 한 번

# 이기는 건 어렵지 않다.

평생

이기는 게
어렵지.

미래를 위해
적금과 보험을
매달 부으면서
평생 쓸 몸에는
매일 나쁜 것만
처넣는다.

안 보이는 수백 억의 세포들이
나를 응원한다. 나를 믿자!

재능이 언제 꽃필지는 알아봐주는 사람에 따라 다르다.
어떤 이는 10대에 어떤 이는 80대에 만난다.

창피한 것을 모르는 사람은 진정 좋은 것도 모른다.

태어나는 것은 마음대로 할 수 없지만
죽는 것은 내 의지로 할 수 있다.
늘 어떤 사람으로 죽을지를 준비하라.

꿈이 작은 사람은 자신이 성취할 수 있는 일에만 도전하고,
세상을 바꿀 사람은 모든 것을 버려서라도 꿈에 도전한다.

성과나 업적을
쌓기는 오래
걸리지만
망치는 것은
순식간이다.

인생의 거의 대부분을 시간 낭비하면서
살아가지만, 그래도 놀러온 기간 동안
재미있는 것 하나쯤 하고 가야지.

좋은 것에 나쁜 것이 함께 오지만 나쁜 것도 꼭 나쁘기만
한 것은 아니다.

작은 것에 집착하는 것과
작은 것도 집착하는 것은 하늘과 땅 차이다.

행복은 자주 표현해야 다가오지만 불행은 가만히 있어도 찾아온다.

행복해지는 습관을 만들지 않으면
평생 불만투성이로 살아간다.

행복조차
남을 통해
깨닫는다면
너무

# 불쌍

# 하다.

한 번의 기회로 저 멀리 높은 곳으로 올라갈 수 있지만 나락으로 떨어지는 것도 마찬가지다. 게다가 세상에는 기회보다 나락으로 떨어지는 순간이 더 빈번하다.

행복의 기준은 누군가와 비교하는 것이다.
인간의 눈은 위를 올려다보고 계속 높은 곳과 비교한다.
그래서 선인들은 현재를 만족하는 방법을 이야기했나 보다.

삶이란 윤회의 바퀴를 돌리듯 늘 똑같은 일을 반복하는 것이다. 빨리 바퀴에서 빠져나가고 싶다.

인간의 기억력이란 결국 자신 위주로 기억하는 자기방어 특성 때문에 미치지 않고 살 수 있도록 잊어버려 준다. 그래서 또 한 번 속아 넘어간다.

시대에
적합한 사람의
대부분은 이전 시대에는
필요 없던 재능을
가지고 있는
사람들이다.

무엇을
할 것인가
망설이지
마라.

인생을
즐길 시간이
줄어든다.

사람이란 평생 베타로 살다가

죽어야만
정식 버전이
된다.

# 악당의 명언

완전판

1판 1쇄 인쇄 2024년 11월 15일
1판 1쇄 발행 2024년 11월 20일

저　자 | 손호성
출　력 | 신화프린팅
인　쇄 | 신화프린팅
발행인 | 손호성
펴낸곳 | 봄봄스쿨

등　록 | 제 2023-000128호
주　소 | 서울특별시 종로구 사직로8길34경희궁의 아침 3단지1309호
전　화 | 070.7535.2958
팩　스 | 0505.220.2958

e-mail | argo9@argo9.com
Home page | http://www.argo9.com

ISBN | 979-11-5895-178-8 03190

※ 값은 책표지에 표시되어 있습니다.